La garde-robe de la reine Marie-Antoinette

Rina Uchimura

マリー・アントワネットの衣裳部屋

内村理奈

平凡社

マリー・アントワネットの衣裳部屋

目次

装丁・レイアウト
木村デザイン事務所

第一章

銀色の花嫁衣裳

――異国へ嫁ぐ日

若きルイの肖像

マリー・アントワネットとフランス王太子ルイの婚約は、1769年、政略結婚としてオーストリアとフランスの間で取り交わされた。このときアントワネットはまだ13歳。結婚とはどういうものなのか、自覚できていたかどうかはわからない。

しかし、オーストリアのハプスブルク家とフランスのブルボン家という、ヨーロッパを代表する名門中の名門の両家による結婚である。ヨーロッパ全土に平和をもたらすものとして、歓迎されたものであったろう。そのような大きな期待を担わされた幼いふたりの結婚において、最初の約束事として、ふたりの肖像画が準備されていた。

遠い昔の姫君たちの結婚では、結婚前に会うことなどはなく、相手の肖像画が手渡され、それだけを頼りに、結婚のその日を迎えるのが通例であった。まして、国と国、王家と王家の結婚であれば、なおさらであった。肖像画は、もちろんその時世の著名な画家によって大きな絵画で描かれることもあるが、小さな小箱の内側に七宝で細密画のように描かれていたり（それは時にはつけぼくろを入れるような美しい小箱である）、金銀でできた小さな懐中時計のコンパクトのように開く蓋《ふた》の裏や、ペンダント・ヘッドや指輪に描かれることもあり、そのくらい小さな肖像画であれば、いつも身につけていることができた。時計であれば、腰からお気に入りの色のリボンでぶら下げられるし、ペンダントや指輪なら、いつも肌身離さず持っていられる。そうして、ふとしたときに、取り出したり、蓋を開けたりして、眺めるのである。

家族の肖像画もそんな風に身につけることができた。ペンダントのロケットの中におさめられていたり、コンパクトや、小箱や、小さな時禱書《じとうしょ》や、裁縫道具や、身の回りの美しくこまごまとしたものに、18世紀に生きた姫君たちは、大切な人の絵姿を持っているものだった。

若きルイの肖像は、1770年4月15日にウィーンまで正式な結婚の申し込みを携えてやってきたフランス大使の手から、翌16日に、アントワネットに手渡された。*1 アントワネットがいつも身につけていられるように、ペンダントのメダイヨンにルイの姿は描かれていた。以来、そのペンダントをいつも胸に下げ、ウィーンを発つときにも、もちろん大事に身につけていたはずである（図１）。

アントワネットの肖像画はそれよりも一足早く、婚約の年である１７６９年にフランス王家へ贈られていた。それは何度か描きなおされたものだが、フランス人画家ジョゼフ・デュクルー（１７３５―１８０２）によるもので、やがて王妃になるまだあどけない可憐な少女を、繊細なレースとピンクのリボンで飾られた衣裳の姿で描いたものだった（図２）。１７６９年５月16日の朝、ルイ15世は起床の儀の際に、その肖像画を一族に披露し、王太子妃になるアントワネットを紹介したという。[*2] 肖像画は、国と国、王家と王家の間で交わされるので、アントワネットや、未来の夫君でありフランス王となるルイの意思をそこに感じることはできないのだが、すくなくとも、肖像画を贈りあうことは、結婚を進めていくための大切な第一歩であった。

ずっと後のことになるが、アントワネットがフランス王家に嫁いでから何度となく、ウィーンにいる母后マリア・テレジアは、「あなたの肖像画を送ってほしい」と娘に手紙で要求していた。しかし、アントワネットによれば、自分の気に入るような絵姿を描く画家がおらず、あるいは、アントワネットが画家の前でポーズをとっている時間がなくて、なかなか良いものが完成しなかった。他に楽しいことがありすぎて、じっとしていることができなかったのだろう。それで、母はしびれを切らし、肖像画を当代随一の画家に描いて

図1:〈王太子(のちのルイ16世)の肖像〉
ルイ・ミシェル・ヴァン・ロー原画、
ペーター・アドルフ・ハル作、1769年〜1770年頃

図2:〈オーストリア皇女マリー・アントワネット〉
ジョゼフ・デュクルー、1770年頃

もらって（マリア・テレジアは、当時宮廷画家として名を馳《は》せていたリオタールをパリへ送っている）すぐに送ってほしい、と何度も何度も手紙で娘に頼むことになるのであった。

私はリオタールの描いたあなたの肖像画を、今か今かと首を長くして待っています。でも、部屋着《ネグリジェ》や殿方の服を着ているあなたの姿を望んでいるのではありません。あなたの地位にふさわしい、見事な盛装のあなたを私は見たいのです。*3

写真のないはるか昔、肖像画は大切な人を身近に感じるための、愛のこもった贈り物であり、親愛の情の証でもあった。家族にとっても、恋人同士にとっても、許婚《いいなずけ》のふたりにとっても、そして、王家と王家にとっても……。

嫁入り道具のリネン

婚約が調うと、母后マリア・テレジアは、娘の嫁入りの準備で気忙しく、頭を悩ませることとなった。フランス王家とハプスブルク家の結婚だから、とにかくすべて抜かりなくやらなければならない。普通の貴族の娘でも、嫁入り支度は入念に行ったであろうが、なんといっても、アントワネットはフランス王太子妃になる人である。それ相応の準備が不可欠であった。

結婚に必要な衣裳は、いったいどれくらいの数をそろえたのだろうか。また、そのために使われた国費はいったいいくらであったのだろう。

結婚式そのものの費用は、２００万リーヴルという途方もない額であったという。当時の職人の日給が半リーヴルであったとされ、仮にその額を５０００円とすると、１リーヴルは1万円になる。貨幣価値は細かく変動するので厳密には単純計算はできないのだが、仮にこの換算で計算すると、およそ総額２００億円ほどの金額と考えることができようか。

これらの金額の中に、準備した衣裳の額が含まれるのかはわからないが、アントワネットが王家に嫁ぐことが決まってから、「王妃の衣裳費」として（つまり衣裳の準備金として）、１７６９年8月2日と25日の王令によって、それぞれ10万リーヴルの金額が割り当てられ、当時の王室の衣裳係長であったヴィヤール公爵夫人はその金額を受け取っていた。つまり、およそ10億円になる。

さらに、準備された衣裳の具体像に関して、参考になる個数がわかっているものもある。それは、嫁入り道具として準備されたであろう、白い布類である。

白い布類とは、別の言い方をすれば、白いリネン類のことである。白いリネン類を、フランス語ではlinge《ランジュ》と言った。18世紀において、女性は人生で2度、白い布類を大量に用意しなければならないときがあった。つまり、結婚と出産のときである。

lingeとは、17世紀にフランス語の辞書を編んだフュルチエールによれば、肌に直接身につける麻や亜麻布類と家庭で使う布類の総称であり、広範な種類に及ぶものであった。[＊4] 布とはtoile《トワル》であり、麻や亜麻や木綿の白い平織りの布を指す。広く一般的に用いられたのは麻で、亜麻布は上等品であった。これを裁断し、製品化して売買したのが、「リネン屋」lingère《ランジェール》である。リネン屋が扱った全ての品をlingeと総称できる。

辞書を編纂《へんさん》したフュルチエールは次のように続ける。[＊5] lingeはgros linge《グロ・ランジュ》とmenu linge《ムニュ・ランジュ》に分類できる。前者は「シーツ《ドラ》」「ナプキン類」「シュミーズ」など大きめの布類を指し、後者は「襟飾り《ラバ》」「カフス《マンシェット》」「襟巻《クラヴァット》」「ハンカチーフ《ムショワール》」などの小物を指した。また前者は「洗濯女《ブランシスーズ》」に、後者は「洗濯糊付業者《アンプズーズ》」に洗濯を頼んだ。洗濯糊付業者とは、16世紀以降、特に「襞襟《フレーズ》」のひだ付けを行った専門家のことを指している。[＊6] さらに、linge uni《ランジュ・ユニ》はレースのついていない白無地のリネンであり、「美しいリネン類《ボー・ランジュ》」と言えば、レースのついているものを指した。

リネン屋の取り扱う商品は多岐にわたる。１７２３年に出版されたジャック・サヴァリー

（1657―1716）の『商業辞典』によれば、リネン屋が商う商品は以下の通りである。

　亜麻布、麻布、バティスト布、リノン布、カンブレイ布、オランダ亜麻布、カンバス（地の粗いものから細かいものまで）、ズック布（白から黄色まで）、そしてあらゆる布製品、シュミーズやカルソン、襟飾りやその他これらの布に関わる製品。[7]

　最後の「これらの布に関わる製品」には、さまざまな白い布製品が相当するが、そこには多くの場合レースが含まれており、リネン屋はレースも取り扱っていた。[8]

　さらに、アントワネットの結婚の翌年1771年に、科学アカデミー会員のガルソー（1693―1778）が著した『リネン屋の技術』（1771年）によると、リネン屋の仕事内容は、亜麻、麻、木綿の布を扱うこと、それらを製品に合わせてaunage《オーナージュ》という採寸、裁断を行うこと、さらに製品にして販売することであった。リネン屋が注力する仕事は、先に述べたように、女性の人生におけるふたつの大きな節目、結婚と出産のときに必要な布類をそろえることである。もうひとつの重要な仕事は、キリスト教会に納めるさまざまな白い布類をそろえることであった。女性の結婚と出産に必要な白い布類とは、かぶりもの、化粧着、肩掛け《フィシュ》、シーツ、枕カバー、おくるみ、乳児用のかぶりものなどである。

教会に納める布類とは、祭壇布や聖体布などの布類、祭服、かぶりもの、肩掛けなどであった。これ以外の商品としては、さらに男女共に身につける肌着のシュミーズや、襟飾り、カフスなどを商っていた。[*9] これらすべてがlingeと呼ばれる白いリネン類であり、美しい白いレースが付属しているのが常であったため、亜麻の白糸レースに限っては、リネン屋が商うものとされた。つまりlingeはレースを含む。そのため、アントワネットの婚礼道具にもなっていた「白いリネン類」という語は、白い亜麻布をはじめ、精緻な上等のレースなど亜麻糸による手工芸品までを含む広範な白い美しい布類を指している。

ガルソーによれば、リネン屋が取り扱ったレースは、白い亜麻糸を用いたレースのみである。[*10] 同様に、サヴァリーも、すべての種類のレースを商うことができたのは小間物商であり、リネン屋は白い亜麻糸レースのみを扱ったと述べる。[*11] つまり金銀糸や絹の色糸のレースは管轄外であった。

さて、そのようなリネン屋によって作られる白いリネン類で、結婚に必要なもののリストをあげてみよう。ガルソーによれば、以下のようになる。これらの結婚に必要な布類のことを、trousseau《トルソー》と呼び、つまり「嫁入り衣裳・道具」の中でも重要なものであった。これは富裕な大貴族の娘が嫁ぐ際の事例である。

〈かぶりものとして〉
モスリンかレースの街着用のかぶりものひとつ
モスリンの田舎用のかぶりものひとつ
トレイの美しいバザン織り[*12]の床屋道具入れ、あるいは櫛《くし》入れを6つ
同素材の針山《プロト》のカバー6枚
タオル48枚
身づくろい用のエプロン24枚
化粧着《ペニョワール》6着、そのうち4着は美しいモスリンの装飾つきで、4着はレースつき
毛羽立ったバザン織りの口紅を落とすための布36枚
二重になったモスリンの髪粉を落とすための布36枚
アランソン・レース製のかぶりものと胸当てとひだのついた肩掛け1枚
イギリス・レース製のかぶりものと胸当てとひだのついた肩掛け1枚
本物のヴァランシエンヌ・レースのかぶりものと胸当てとひだのついた肩掛け1枚
刺繍のされたマリーヌ・レース[*13]のいわゆるバタン・ルイユと呼ばれるかぶりもの1枚、化粧着《ネグリジェ》用
レースのついた細かい花模様のモスリン製の無地の肩掛け6枚、化粧着《ネグリジェ》用

図3：白糸刺繡フルール・ド・リスの紋章入り
ウェディング・ハンキー、18世紀末、フランス

図4：図3のハンカチのイニシャル部分拡大。
FとGの文字にフランス王家の
ユリの花の紋章が重ねられている

モスリンの肩掛け12枚

小さなレースがついたキルティング加工の大きな夜用のボネ12枚

モスリンとレースが2枚重なっている[*14]夜用の大きなボネ12枚

さらに美しいレースが2枚重なった昼間用の大きなボネ12枚、生理期間用

小さなレースのついた夜用のかぶりもの《セルテット》かバンド12枚

夜用のモスリンの大きなかぶりもの12枚

レースの縁取り[*15]のある大きな昼間用のかぶりもの6枚

12枚の枕カバー、そのうち10枚がモスリンの飾りつき、2枚がレースつき

キルティング加工されたボネ6枚、そのうちひとつは中くらいの大きさ

〈身につけるものとして〉

シュミーズ72枚

ドゥミ・オランダ亜麻布のハンカチーフ72枚

バティスト布のハンカチーフ48枚

72組のスリッパ

美しいバザン織りのコルセット6着

上の部分に小さなレースがひとつついているピエス・デストマ12枚
紐《ひも》つきの夜用の袖なしのシャツ6枚、美しい木綿布や美しいインドのバザン織り製で毛羽立った裏つき
モスリンのキルティング加工をしたペチコート6枚
美しい木綿布やインドのバザン織り製の夏用の下穿《ば》きのペチコート6枚
刺繡のある美しいモスリン製で同じ布の飾りのついている、マント・ド・リ6着と同様のペチコート6枚、これらは美しいデサビエと呼ばれる
花綱で飾ったモスリンのコルセットの装飾品6つと胸当て6枚、12組のカフス
刺繡をしたモスリンにレースの縁取りのしてあるコルセットの装飾品6つと胸当て12枚、12組のカフス
手洗い用の布6組
腕を洗うための布48枚
衣裳箱のための布72枚*16

以上の通りである。富裕な大貴族の事例であるから、王族ではない。したがって、マリー・アントワネットの婚礼準備であれば、数においても質においてもこれ以上のものを用

意したはずであろう。当時、真っ白な布は大変高価で貴重なものであり、また、レースも驚くほど高価なものであったから、これだけで軽く一財産と言ってもよいものであった。

婚礼のときには来客に手土産（引き出物）としてハンカチーフを贈ることもあった。そのようなハンカチーフの実例が、筆者の手元に存在している。図3である。このハンカチーフは18世紀後半のもので、上等のリネンでできており、精緻な白糸刺繡が施され、そこに、フランス王家の紋章、ユリの花の紋が丁寧に非常に細い亜麻糸で刺繡されている。イニシャル刺繡で「F.G.」と記され、そこにも王家の紋章が重ねられており（図4）、すくなくとも、フランス王家にゆかりのある人物の結婚を記念したハンカチーフではないかと想像する。上等な白布の白糸刺繡と白いレース、このような繊細な小物が、上流階級の女性たちのいつも手にしているものだった。

もう一度ガルソーの書物に戻ることにしよう。出産のときに必要な布類は次の通りである。アントワネットも、のちに母親になるので、これもまた富裕な大貴族の例であるが、載せておく。

肌着

胸当ての布

母乳を入れる袋
分娩時のシュミーズ
女性用のアマディ風袖とカフス*17
平らなシーツ
ひだのついたシーツ
腹帯
モスリンの部屋着《デサビエ》
履き物
1歳用のベギン帽
2歳用のベギン帽
3歳用のベギン帽
4歳用のベギン帽
毛織物の縁なし帽《ボネ》の縁
生まれたばかりの赤ちゃんにかぶせる帽子*18
ナイトキャップ
2本のレース飾りのついた丸い縁なし帽《ボネ》

子ども用のネッカチーフと肩掛け
子ども用のよだれかけ
おしめ
肌着の帯
モスリン製のキルティング加工されたおくるみ
フュテイヌ（片面に毛羽を立てた綿布）のおくるみ
無地のナプキン
子どもを拭くためのハンカチーフ
ビエ（肩掛けの一種）
大きなかぶりもの
小さな袖[*19]
袖付き胴着
おくるみ、あるいは洗礼用飾り布《タバイヨル》[*20]
よだれかけ
ドゥス・ダルシェと呼ばれるゆりかごの中に敷く布
ゆりかご用のシーツ

枕[*21]

このように、嫁ぐ日のために、荷馬車何台もの量の白い布類を用意していたはずだが、よく知られるように、アントワネットの身の回りの物は、フランスに持ち込むことはできなかった。アントワネットの伝記小説を書いたシュテファン・ツワイクは、そのあたりのことをいともあっさりと、事実だけ述べているが、これは言葉で言うほど軽く簡単なことではなかったろう。オーストリアで母が数か月あるいはそれ以上の時間をかけて用意してくれた、母の愛が詰まっている美しい白い布類をはじめ、ほかの多くの美しい衣裳のすべてが拒絶されてしまったのだから。

アントワネットがそのとき、涙を流したかどうかはわからない。しかし、フランスの厳しさに一瞬背筋がひやりとしたかもしれない。とはいえ、これがアントワネットに待ち受けていた世界の始まりでもあった。アントワネットは、フランス国境を越えたところで、オーストリアから着てきたすべての衣裳を脱がされて、フランス流の宮廷衣裳、ローブ・ア・ラ・フランセーズに着替えさせられ、髪型も王室髪結い師のラルズニュールによってフランス流に整えられて、靴もフランスのきゃしゃな靴に履き替えさせられ、そうして、馬車はさらに西へ、ヴェルサイユへと急いで駆けていったのである。

銀糸で織られたドレス

実はルイとアントワネットの結婚式は、すでに、1770年4月19日に、ウィーンのアウグスティーナ教会で形式上済ませてあった。夕方6時頃から宮廷の人々が、位階にしたがって列をなし、教会に次々と参列した。アントワネットの兄が王太子ルイの代理を務めた代理結婚式である。この結婚式のことは、『ガゼット・ド・フランス』誌1770年5月11日（金曜日）号が、ウィーンからの知らせとして、しっかりと報じている。

皇后（マリア・テレジア）は、右側に、drap d'argent（ドラ・ダルジャン、銀糸の布）のドレスを身につけたオーストリア皇女、つまり未来の王太子妃を導いていた。そのドレスの長い裳裾《もすそ》は、トラウトマンスドルフ伯爵夫人が支え持っていた。[*22]

つまり、アントワネットが祖国で行った、代理結婚式で身につけていた婚礼衣裳は、銀色のウェディング・ドレスであった。ドレスの形はおそらくフランスの宮廷衣裳、グラン

図5:〈婚礼衣装〉ル・クレール原画、
デュパンによる版画、1779年

図6:〈ヴェルサイユ宮殿王室礼拝堂における
フランス王太子と皇女マリー・アントワネットとの
結婚式、1770年5月16日〉
クロード・ルイ・デレ版画、18世紀

ダビ、あるいはローブ・ア・ラ・フランセーズであろう。実は18世紀まで、特に上流貴族の女性の婚礼衣裳（図5）は、銀色のものが主流であった。銀色、というよりは、ドラ・ダルジャンなので、銀糸で織られた最上級の布、ということである。ドラ・ダルジャンは、古くから、奢侈《しゃし》禁止令で、王侯貴族や高位の聖職者以外には着用が禁じられてきたものでもあり、大変格の高い贅を極めた布地である。ドレスの裳裾は、位階が高くハプスブルク家とゆかりの深いトラウトマンスドルフ伯爵夫人が恭しく支え持った。この代理結婚式でも、結婚指輪の祝別が行われ、夫となる王太子ルイが不在のものとはいえ、「正式の結婚式」であったことを物語っている。式が終わり次第、フランス大使は早馬を飛ばし、ヴェルサイユにこのニュースを伝えに走った。

そして、翌々日21日の朝9時15分に、マリー・アントワネットは母に別れを告げ、フランスへと旅立った。このとき、マリー・アントワネットの肖像画が彫られた記念のメダルが作られたことも、『ガゼット・ド・フランス』は感動を込めて書き記している。アントワネットの肖像が彫られた裏面には、コンコルドの祭壇が描かれていたという。コンコルドは、「和合の女神」であり、ゆえに結婚にふさわしい像なのだろう。しかし、のちに彼女が最期を迎えた場所も、コンコルド広場という場所である。

アントワネットは4月21日にウィーンを発ち、ヴェルサイユには、5月16日の朝到着する。彼女の新しき祖国フランスにおいての「正式な」結婚式も、アントワネットの到着後すぐ、その日の午後1時に、ヴェルサイユ宮殿のチャペルにおいて、王家の慣習に則って、厳かに執り行われた。このときのアントワネットの衣裳については、『ガゼット・ド・フランス』は何も記していない。ただ残された版画（図6）からは淡いピンク色のローブ・ア・ラ・フランセーズであったのではないかと推測される。結婚式の2日前から町はお祝い気分が高まり、店は閉められ、夕方には、すべての家々に、明かりが灯されていた。パリは月末の5月31日まで、若い王太子とオーストリアからはるばる嫁いできたアントワネットの結婚を、町をあげて祝うことにしたのである。

初夜のシュミーズ

無事に結婚の儀式を終えたアントワネットは、最初の夜を迎える。当然のこととして、アントワネットとルイの床入れの場も、ひとつの儀式として執り行われた。まずほかの貴族の場合も同様であるが、その結婚の正統性を示すために（!）、花嫁と花婿に対し、初夜の床に入るための寝間着、つまりシュミーズが、名誉ある人物によって手渡されなければばならなかった。アントワネットとルイ王太子の場合、もちろん、その役を引き受けるのはルイ15世である。

初夜のシュミーズとは、18世紀に誕生したと言われる、いわゆる「夫婦用寝間着」であろう。信心深いキリスト教信者の間で身につけられたものと言われるが、新婚夫婦が、夫婦の契りを結ぶために必要な穴が開いているというシュミーズである。これは案外長く、20世紀になっても着用されていたものらしいが、その開口部には、「神がそのことを望まれる」といった格言めいた刺繡が施され(!)、さらには、この「幸福の穴」は花綱模様で美しく縁取られるという念のいれようであった。[*23] 現代人には理解困難で奇妙なものにしか見えない寝間着であるが、当時のキリスト教的羞恥心のためには必要な寝間着、シュミーズであったと思われる。アントワネットの初夜のシュミーズも、最上級のリネンで作られ、美しい刺繡が施されていたのであろうか。

ポケットの中身

このような形で、まだ幼さの残るアントワネットと王太子ルイの結婚式および婚礼にまつわるさまざまな行事は進められていたが、ふたりの結婚式を祝ったのは、フランスの民衆たちも同様であった。パリでは結婚祝賀が連日行われ、その祭典がクライマックスを迎えた最終日、1770年5月30日の出来事を述べることにしよう。この日も、昼間からパリのあちらこちらの街角で市民に肉やワインが振舞われ、夜の9時からはルイ15世広場（現在のコンコルド広場）で花火が打ち上げられて、たくさんの見物客が詰め掛けていた。しかし、祝祭気分たけなわの婚礼祝賀花火の後に、集まった群衆は押し合いへし合いの大混乱に陥り、結果として大勢の死傷者を出す惨事になってしまったのであった。[*24]

死者の数は、男性が45名、女性が87名の計132名にのぼった。パリの中心部にあるシャトレの警察が、これらの遺体の情報について記録に残した。それが現在、フランス国立文書館に所蔵されている132件分の遺体調書である。[*25] 死者の身元調査のため作成された文書には、身につけていた衣服とポケットの中身が残らず詳細に記された。

このとき、アントワネットとルイは、パリ見物に馬車で出かけていたのだが、この事故のために、途中でヴェルサイユに引き返している。しかし、これほど多くの死者が出たことを、アントワネットがどこまで知っていただろうか。だが、ここでは、アントワネットの盛大な結婚祝宴のかげで、どんなことが起きていたのか、このとき亡くなった人たちについて語ることで、彼女の愛すべき臣民たちはどんな人たちだったのか、すこし述べてみたいと思う。

遺体調書とは、不慮の事故などで亡くなった人たちが、どこの誰なのかを突き止めるために、遺体の情報をくまなく書き記す調書である。そこには、身につけている衣服がすべて記され、ポケットの中身に至るまで記してあり、大変興味深い。なぜなら、ポケットに入れてあるものは、その人の身につけていた衣服以上に、その人のことを語ってくれることもあるからだ。その亡くなった人物が、アントワネットの祝賀花火見物に出かける際に、何を考え、何をしていたのか、何を持っていこうと思ったのか。あるいはいつも持ち歩いているからそのままその日も持っていたものは何なのか、そんな彼らの日常生活がかいま見えてくる。

誰も目にとめようともしなかった彼らのポケットの中身を探るのは、ちょっとした「のぞき見」のような感もある。しかし、まずはそもそも、このような市井《しせい》の人々のポケットとは、どんなものだったのか述べておかなければなるまい。

歴史家フランソワーズ・バイヤールによれば、当時の女性のポケットは次の3種類であった。ひとつはローブや着ている衣服の布に裂け目を入れたもの、2つ目は衣服の上か内側に縫い付けられたもの、3つ目は腰にぶら下げられた袋状のものである。[*26]

パリの女性たちが身につけていた衣服は上下二部式のカザカンがもっとも多いが、マ

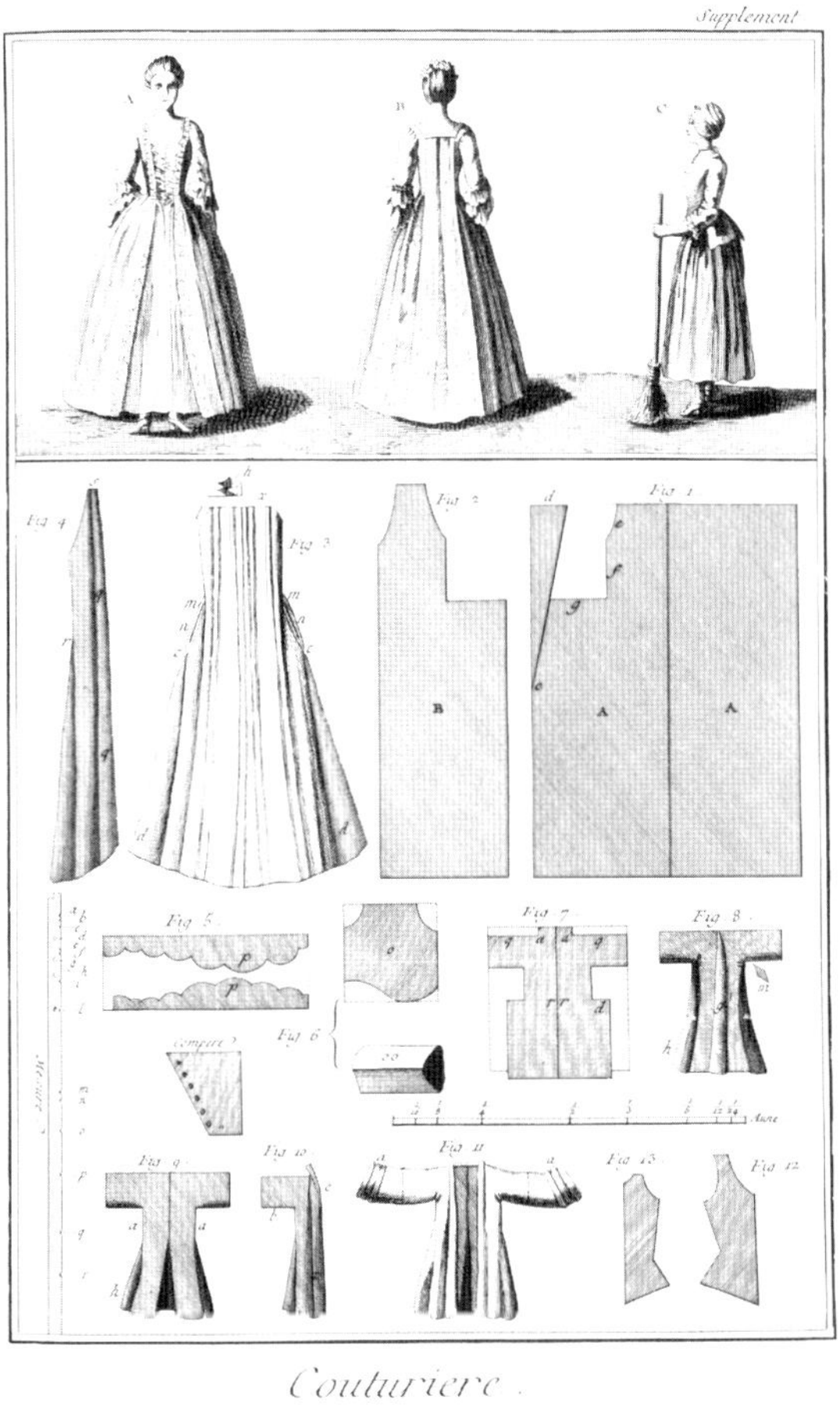

図7：女性仕立師(クチュリエール)の図。
最下段にある衣服の図がマント・ド・リ。
(ディドロとダランベール、『百科全書』)

ント・ド・リ（manteau de lit）やデサビエ（deshabillé）も見られた。マント・ド・リとは「ベッドのマント」という意味で、部屋着の一種である。１７７０年の花火見物に集まったパリ女性にはこれを身につけている人が少なくない。[*27]『百科全書』の婦人服仕立屋（couturière《クチュリエール》）の図に見られるマント・ド・リの型紙にはポケットが見当たらない[*28]（図７中のfig.7～fig.11）。マント・ド・リにポケットをつけている場合には、腰にぶら下げるタイプのものであったろう。

腰にぶら下げるタイプのポケットについては、京都服飾文化研究財団（ＫＣＩ）に所蔵されているものがある。図８がそれなのだが、「取り付け型」とされており、下着の上から腰に巻き、ドレスの下に忍ばせているものであったらしい。大きさは、縦39・５㎝、横25・５㎝だからけっこう大きくゆったりしている。これならば、いろいろなものを持ち歩いて、出かけることができたであろう。このポケットにはかわいらしい菫《すみれ》の刺繡も施されていて、当時の女性が表に見えないポケットにさえ、おしゃれ心を発揮させていたことがよくわかる。

しかし、フランス国立文書館にある本件の遺体調書の記述からは、男女の個々のポケットの形態がどのようなものであったのかは確定することはできない。しかし、ポケットについての記述に、ポケットの素材が記されることがある。たとえば、「バザン織りのポ

図8:取り付け型ポケット、素材、麻、綿、絹糸、
縦39.5cm、横25.5cm、西ヨーロッパ、1770年代。
紐で腰に結び付けて用いた

ケットの中に（dans les poches de Bazin）」「青いシャモワーズ織りのポケットの中に（dans les poches de Siamoise bleüe）」という記述が見られる。[*29] これらはポケットを構成する布地の記述であり、衣服とは独立してぶら下がっているタイプか、別布で衣服に縫い付けられているタイプのものなのだろう。

またポケットがついていても空の場合もあり、あるいはポケット自体がない場合もある。1770年のパリの132名の死者の場合、男性遺体計45件のうち、ポケットがないのは3件、中身が空なのが6件で、中身の入ったポケットを持った遺体は36件であった。女性遺体の場合は全87件のうち、ポケット無しが16件、その他の71件にポケットがあり、中に物が入っていた。

そして、パリ市民のポケットは、装飾的なものであるというよりは、実用的に物を携帯するのに非常に役立っていたと思われる。実に種々雑多なものが詰め込まれているからだ。中に入っている物の数は、男性の場合、1個から、最も多くて28品、女性の場合、1個から、もっとも多くて22品のものが入っていた。平均すると、男女共におよそ7品程度の物をポケットにつめて携帯していたことになる。

一例として、39歳の女性ボール箱職人、マリー・ジュヌヴィエーヴ・ルシャンジェの調書を挙げてみよう。彼女は次のようなものをポケットに入れて持っていた。

青い縞模様のシャモワーズ織りのポケット1組の中には、塩で満たされた小さな木製の樽がひとつ、赤いニスを塗られた丸い嗅ぎ煙草入れがひとつ、黒い木製のケースがふたつ、バネ無しの角製柄のついたナイフが1丁、鍵が2個、黄色い銅製の指貫ひとつ、角製の小箱がひとつ、その中には聖母マリア像がひとつ、さらに赤銅製のコインが1枚入っている。*30

ポケットの中に、実に豊かな世界が広がっているではないか。この女性がどんな人なのか、見えてくるようである。

このように、さまざまなものがポケットに押し込められていた。調書に記された全ての携帯品を表にすると、表1と表2になる。女性は全部で65品目、男性は54品目を数えることができる。

これらの携帯品は実に多くを物語っている。遺体の人となり、生活の様子がうかがえる。表に記すことはできなかったが、それぞれの品についてさらに細かい情報が添えられていることがある。たとえば、指輪の中にはイニシャルが刻印された結婚指輪があったり、本の中には歴史書が含まれたり、年鑑にはフリーメーソンの年鑑と記されているものもあった。結婚指輪はその人が既婚者であることを、歴史書は知的好奇心に溢れた人であることを、フリーメーソンの年鑑は当時にわかにヨーロッパに広まりつつあった秘密結社との結びつきがある人であることを、それぞれ物語っているだろう。また宝くじを持っていた人は、ひともうけをもくろんでいる夢見がちな人であったのかもしれない。

この日の死者の職業は、男性の場合、職人が圧倒的に多かった。その他に商人、工場長、弁護士、役人が見られる。女性の職業は不明の場合が多いが、代わりに父親や配偶者の職業が記されていることがある。しかしそのような中にも、本人が洗濯女、レース編み職人、お針子、果物売りなどの職に携わっている例が見られた。

ここでは、身分職業と関わりなく、品物だけを表にまとめている。各職業の件数が少ないため、それぞれの職業ごとの携帯品の傾向を導き出すのは難しい。全体として携帯品がどのようなものであったのかを見ておきたい。

男女それぞれが携帯する上位10品目は、女性の場合、①鍵（70件）、②箱・ケース（etui）（55件）、③お金（48件）、④ハンカチーフ（45件）、④指貫（45件）、⑥ナイフ（37件）、⑦嗅ぎ煙草入れ（21件）、⑧はさみ（13件）、⑧指輪（13件）、⑩ロザリオ（11件）である。男性の場合、①鍵（31件）、②ハンカチーフ（28件）、③お金（22件）、④嗅ぎ煙草入れ（18件）、⑤ナイフ（13件）、⑥箱・ケース（etui）（12件）、⑦ボタン（10件）、⑧手紙（7件）、⑧眼

表1:1770年パリ女性のポケットの中身(計87人)

なし poche	16
鍵 clef	70
箱・ケース etui	55
お金 argent	48
ハンカチーフ mouchoir	45
指貫 déz	45
ナイフ couteau	37
嗅ぎ煙草入れ tabatière	21
はさみ ciseaux	13
指輪 anneaux(8), bague(5)	13
ロザリオ chapelet	11
小瓶 flacon	8
本 livre	8
コルク抜き tire bouchon	7
ネックレス collier	6
書類 papiers	6
宝くじ billet de la lotterie	6
カード carte	6
小銭入れ bourse en chausson	5
ボタン bouton	4
キリスト像 christ	4
糸玉 peloton	3
眼鏡 lunette	3
バックル boucle	3
台帳 registre	3
手紙 lettre	3
箱 boîte	3
十字架 croix	3
見積書 mémoire	3
聖遺物箱 reliquaire	2
時禱書 livres d'heure	2
耳かき cure oreille	2
靴下 bas	2
ボネ(かぶりもの) bonnet	2
手形 billet	2
年鑑 almanat	2
扇 évantail	2
ノート note	2
ブローチ agrafe	2
スタンプ cachet	2
レンズ lentille	1
ブックカバー couverture de livre	1
靴 soulier	1
手袋 gant	1
小箱 cassette	1
布切れ morceau de toile	1
ロウソク bougie	1
マントレ mantelet	1
刺繡練習布 toile à apprendre à marquer	1
コップ gobelet	1
キャンディー入れ bonbonnière	1
パン pain	1
イヤリング boucle d'oreille	1
木製塩入れ baril de bois de sel	1
コイン jetton	1
ミトン mitaine	1
靴下止め jarretière	1
リネン linge	1
スリッパ chausson	1
イヤリングの飾り pendeloque	1
紙製ランタン lanterne de papier	1
裁ち屑の袋 paquet de rognure	1
プレート plaque	1
領収書 quittance	1

(フランス国立文書館、請求番号 Y15707 の遺体調書より筆者作成)

表2:1770年パリ男性のポケットの中身(計45人)

なし poche	3
中身無し rien	6
鍵 clef	31
ハンカチーフ mouchoir	28
お金 argent	22
嗅ぎ煙草入れ tabatière	18
ナイフ couteau	13
箱・ケース etui	12
ボタン bouton	10
手紙 lettre	7
眼鏡 lunette	7
はさみ ciseaux	7
バックル boucle	5
本 livre	5
小銭入れ bourse en chausson	4
外科医のランセット lancette	4
宝くじ billet de la lotterie	3
時計 montre	3
紐 cordon	3
書類 papiers	3
年鑑 almanat	3
襟 col	2
ロザリオ chapelet	2
指輪 bague	2
髪粉入れ paquet de poudre	2
リボン ruban	2
領収書 quittance	2
掛け釘 crochet	2
鎖 chaine	2
コルク抜き tire boushon	2
スタンプ cachet	2
札入れ porte feuïlle	2
手袋 gant	2
履物 pied	2
箱 boîte	1
聖遺物箱 reliquaire	1
絹の靴下 bas de soie	1
ネックレス collier	1
ブラシ brosse	1
カード carte	1
財布 gousset	1
印刷物 imprimé	1
時禱書 livre d'heure	1
ノート note	1
バンド bande	1
鉛筆 crayon	1
櫛 peigne	1
指貫 déz	1
南京錠 cadenas	1
筆 pinceau	1
カバー couverture	1
銃 fusil	1
ポケットナイフ canif	1
襟 porte col	1
耳かき cure-oreilles	1

(フランス国立文書館、請求番号 Y15707 の遺体調書より筆者作成、表1・表2ともに表記は当時のもの)

鏡（7件）、⑧はさみ（7件）であった。

男女共に一番多いのは鍵で、これはひとりが複数携帯していることが多く、家の鍵だけではなく、携帯している小さな箱類の鍵であったり、南京錠であったりした。

男性では6番目で、女性では2番目に多い、箱・ケース（etui）とは、物を入れる箱、たとえばナイフの容器であったり、針を入れておく木製の小箱である。[*31] したがって、女性に多く見られたのは、おそらく針箱であろう。時折、etui de bois de senteur と記されることがあるが、この場合は香りの良い香木の小箱であった。香水代わりに身につけていたのだろう。

男女共に3番目はお金、つまり小遣い銭である。裸銭で入っていることも、小さな財布やお札入れに入っていることもある。

女性で4番目、男性では2番目に多いのがハンカチーフであった。

女性で4番目に多いもうひとつのものは指貫である。調書では dé あるいは dez と記されているもので、サイコロという意味もあるが、女性の持っていたものは指貫と考えて間違いない。男性でもボタン屋が持っていたが、これもおそらく指貫であろう。

男性の4番目、女性の7番目が嗅ぎ煙草入れである。

男性の5番目で女性の6番目のナイフは、護身用の場合もあったろうが、むしろ、主と

表3:ポケットの中身の分類(女、計87人)

箱・容器類	箱(etui)	55	96
	嗅ぎ煙草入れ	21	
	小瓶(flacon)	8	
	その他	12	
鍵			70
裁縫道具	指貫	45	51
	その他	6	
お金			48
服飾品	指輪	13	47
	ネックレス	6	
	ボタン	4	
	眼鏡	3	
	バックル	3	
	その他	18	
ハンカチーフ			45
ナイフ			37
書類・手紙類			35
宗教小物	ロザリオ	11	30
	本	8	
	キリスト像	4	
	十字架	3	
	聖遺物箱	2	
	時禱書	2	
はさみ			13
コルク抜き			7
その他			10

(フランス国立文書館、請求番号 Y15707の遺体調書より筆者作成。表3・表4ともに表記は当時のもの)

表4:ポケットの中身の分類(男、計45人)

服飾品	ボタン	10	42
	眼鏡	7	
	バックル	5	
	紐	3	
	襟	2	
	指輪	2	
	髪粉入れ	2	
	リボン	2	
	手袋	2	
	履物	2	
	その他	5	
箱・容器類	嗅ぎ煙草入れ	18	38
	箱(etui)	12	
	小銭入れ	4	
	その他	4	
鍵類			32
ハンカチーフ			28
お金			22
書類・手紙類			21
ナイフ			13
はさみ			7
本			5
宗教小物	ロザリオ	2	4
	聖遺物箱	1	
	時禱書	1	
時計			3
その他			15

(フランス国立文書館、請求番号 Y15707の遺体調書より筆者作成)

して食事に不可欠なものとして携帯されたと思われる。[*32] 食事の際にフォークを使うようになったのは、上流階級でさえ17世紀になってからであり、一般の人々は、長らくナイフで食べ物を切り、これに突き刺して食べていたものだった。

男女共に8番目ははさみであるが、どのようなものか詳細はわからない。小さなものであれば、女性が持ち歩いたのは裁縫用であろう。

同じく8番目の女性の指輪は、シンプルなリング状のものの場合と、宝石類がついているものの両方があった。前述のように、イニシャルが刻印されている結婚指輪もあった。

女性の10番目は祈禱に必要なロザリオである。

男性ではボタン、手紙、眼鏡が上位にあった。手紙は、私信もあるが、仕事に関係するものや家の賃貸に関わる書類もあった。

以上の全ての雑多な品目の分類結果が表3と表4である。特に、女性に裁縫道具が多いことと信仰生活に関わる品が多いことが目を引く。

まず、裁縫道具類についてすこし述べておこう。表3の分類の中には含められなかったが、先述のように、箱・ケース（etui）類が女性に多く見られるのは、針を入れておく木製の小箱があったからと思われる。これが抽出できれば裁縫道具類はさらに多くなる。

裁縫道具で圧倒的に多いのは指貫である。この指貫は裁縫を職業としている女性だけでなく、多くの一般女性が持ち歩いていた。ひとつとは限らず、複数持っていることもあった。

素材は銅がもっとも多く、鋼鉄や銀製、象牙製のものも見られる。『百科全書』の仕立屋関連の図を見ると、当時の指貫には2種類あって、上部が閉じているものと開いているもの（図9）があるが、[*33]調書においてはその種類までは判別できない。しかし、いずれにしても、多くの女性が指貫を携帯し、それだけ裁縫という行為が、家の内外を問わず、日常の女性の営みであったことが想像させられる。女性が暇な時間を裁縫行為に費やすことは、道徳的に好ましいともみなされていたからだろう。[*34]

裁縫道具にはほかに糸玉や、1件だけだが、イニシャルの刺繡を練習するための布地もある。先述のハンカチーフやシュミーズ、襟飾りなどの白い布製品、つまりリネン類（linge）に赤や青のリモージュ糸を使ってクロスステッチでイニシャルを刺繡するのは、リネン屋の仕事でもあったが、[*35]いっぽうで市民の間でも広く行われていて、女性の身だしなみのひとつでもあった。図10はリネン屋関連の図の部分で、イニシャル刺繡の見本である。[*36]

刺繡は古くから女性の花嫁修業的な性格を持ち、日々の生活の中で、家庭や修道院などで習得されてきたものであった。[*37]またリネン類に赤糸のクロスステッチで自分のイニシャ

図9：指貫、仕立師(タイユール・ダビ)の図より
(『百科全書』)

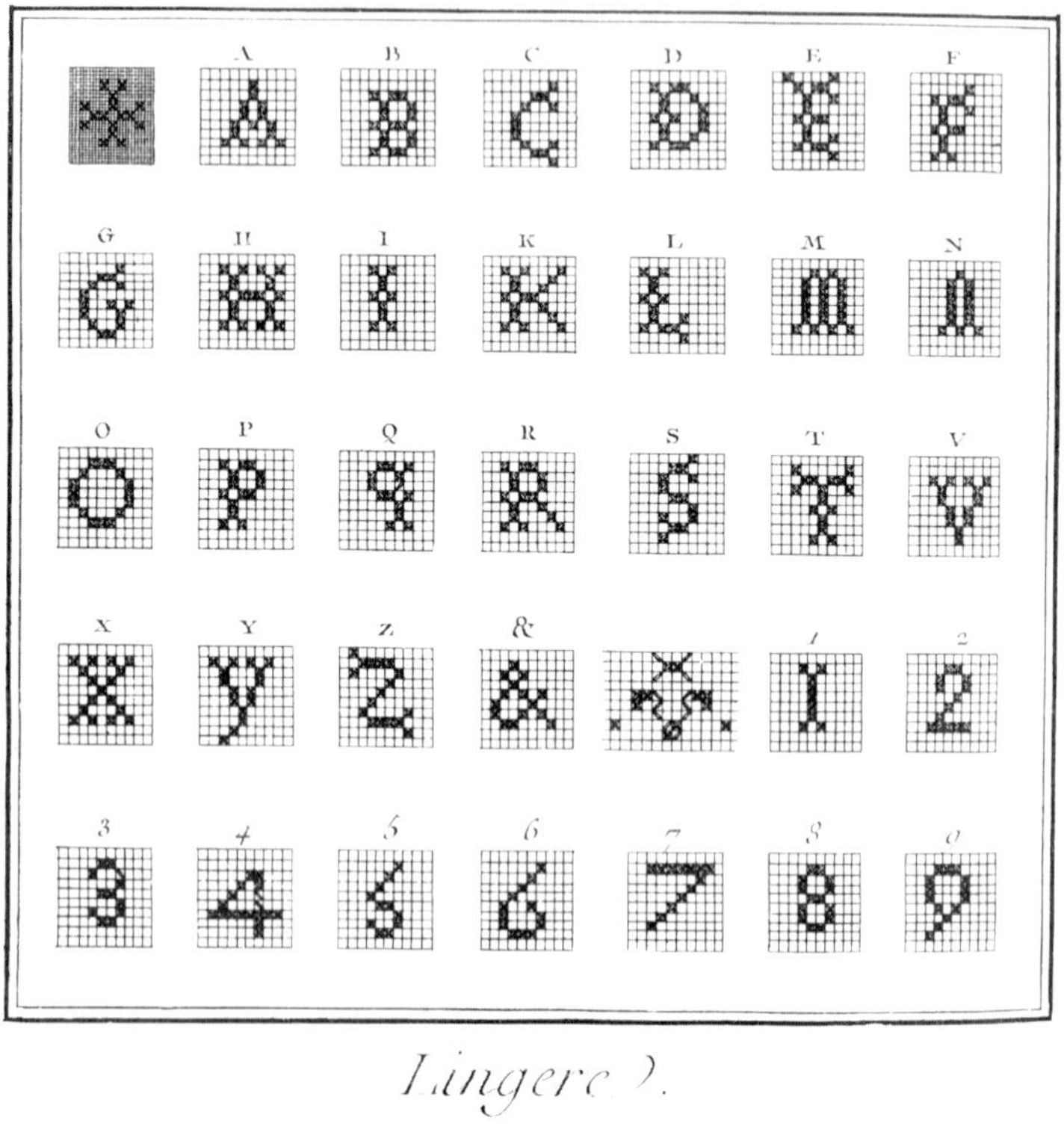

図10：イニシャル刺繍の見本、
リネン屋(ランジェール)の図より(『百科全書』)

ルを刺繡することは、特に結婚適齢期の女性のすべきことと見なされてきた。[*38] 18世紀の母親たちは、身分の高低にかかわらず、娘を一人前の女性に育て上げるために、何よりも針仕事を習得させようとした。裁縫は家庭における女子教育の根幹に位置づけられていた。家庭の中での布類や衣類の管理、そして針仕事は、将来母親になる娘たちに必要不可欠な仕事であったからだ。[*39]

それだけでなく、16世紀以降、一定の教育機関において女子教育も行われるようになっていたが、その中でも、女子の針仕事は重要な位置を占めていた。当時の女子教育機関である修道院、世俗の寄宿学校、プティット・エコールのいずれにおいても、読み書き算術といった一般教育よりも、針仕事や信仰上のお務めに割かれる時間が優先されていたのである。針と糸を使うこと、これが一人前の女性になり、生きていくための基本的な労働であると見なされていた。[*40]

１７７０年のパリ女性たちが肌身離さず指貫を持っていたのは、このような家庭の内外における一般的な女子教育の成果であるとも言えるだろう。

また、指輪やネックレスやハンカチーフのような服飾品が多いのは、やはりファッションの都の女性たちだからであろうか。亡くなった女性たちがおしゃれなパリジェンヌだったのではないか、と想像が膨らむ。

そのほかでは、ロザリオをはじめとする信仰生活に不可欠な品々も男性よりも女性に多かった。当時のパリ女性の信心深さを物語っていると言えるのかもしれないが、歴史家バイヤールが分析したフランス中部の町リヨンとボジョレにおいては、女性たちの58%がロザリオを所持していたので[*41]、その結果と比較するとパリの女性たちはさほど信仰心が厚いというわけでもない。

パリ市民のロザリオは木製のものや象牙製のものなどが一般的であった。その他の信仰に関わる品としては、祈禱書や時禱書《じとうしょ》、小さなキリスト像、十字架、聖遺物箱などが見られた。

ロザリオ、つまり数珠は、17世紀頃からカトリック信者のあいだで、これを用いる祈禱が広く一般的に行われるようになったことと関係しているのだろう[*42]。また、先述の裁縫道具と同様に、当時の女子教育の中ではとりわけ、神を敬い、愛し、知り、仕えるという宗教教育に重点が置かれていたことも関係するのではないか。宗教は女性にとって大事な徳育であった[*43]。そのような意味から、男性よりも、女性たちのほうがロザリオを持ち歩いたのは納得できるように思う。

しかし、花火見物のときに持っていたことを考えると、祈禱のための必需品というよりも、お守り的な意味合いがあったようにも思われる。日常生活の中にキリスト教信仰が浸透し、個人が自ら祈禱の時間を持っていた証なのかもしれないが、日々の暮らしを神に見守ってもらいたいという思い、あるいは外出時の無事を願う気持ちを祈禱の品に託して持ち歩いていたのではないだろうか。外出するときにいつも身につけている必携品だったのかもしれない。

このように、祝賀花火の会場で命を落としてしまった若い女性たちは、裁縫道具やおしゃれ小物、信仰の品々を所持していた。もちろん、本書の主人公であるアントワネットも針仕事を嗜んでいたし、普通の信仰心は当然持っていた。王家の女性でも、身につけるものや種々の布類に刺繡をしたり、タピスリーを作ったりなど、針仕事は行うものだった。日課としての祈禱も行っていたのは当然のことである。

しかし、このように同じ時を生きている、生身の市井の女性たちに対して、アントワネットが思いを馳せることがあったのかどうかは、うかがい知ることはできない。アントワネットは、自らの結婚式でフランス中が喜びにあふれていたとき、自分のポケットには何を忍ばせていたことだろう。

第二章　ヴェルサイユの装い

——宮廷衣裳《グランダビ》・乗馬服・髪型

ヴェルサイユの朝

アントワネットはヴェルサイユでの朝のはじまりについて、結婚して間もない1770年7月12日、ウィーンの母に、次のように書き送っていた。

起きるのは十時か九時か九時半で、着替えて朝のお祈りを唱えます。それから朝食をすませ、叔母様がたのところへ参ります。普段ですとそこで陛下にお目にかかります。そこには十時半までいます。そのあと、十一時にお化粧と身支度が始まります。昼《ミディ》になると宮内官が呼ばれ、このときからは貴族であれば誰でも私たちのところまで入ってこられます。私は紅をさし、みんなの見ている前で手を洗います。それを合図に殿方はすべて退出し、ご婦人たちだけになって、その方たちの前で私は衣服を身につけます。また、昼《ミディ》にはミサがあります。陛下がヴェルサイユにいらっしゃるときは、私は殿下とごいっしょに、陛下と叔母様がたはあとに続いて、礼拝堂に参ります。[*1]

アントワネットのこの手紙には、まだヴェルサイユの慣習に慣れず、目新しさを伝えようとする初々しさが感じられる。朝はゆっくりとはじまり、正午を過ぎても、化粧と身支度の時間が続いていた。この手紙から何年か経ったあとの、彼女の朝の様子は、ツワイクによって次のように描写されている。もうすっかりヴェルサイユの朝の一連の儀式に慣れた姿がそこには見られる。

朝、ヴェルサイユ宮殿で目醒めた時、ロココの女王の最初の気がかりは何であろうか？　首都からの報せ《しら》、政府からの報告であろうか？（中略）決してそうではない。マリー・アントワネットは、毎日のように朝の四時五時ごろになってようやく帰ってくる――彼女はあまり眠らない、彼女の落着かない気性は、あまり休息を必要としないのだ。一日の生活は堂々たる儀式によって始まる。衣裳部屋をつかさどっている典侍が、朝の装いにいるシュミーズやハンカチなどを持ってはいってくる。そのかたわらには一番上の侍女がつき添っている。*2

このようにアントワネットのヴェルサイユの1日は、日々繰り返され連綿と続く宮廷の朝の儀式によってスタートするものであった。そしてそれは、彼女の朝の着替えの行為とともに進行した。朝、起きて、夜着を脱ぎ、その日の衣服を身につけていく過程そのものが、まるで機械仕掛けのように複雑な宮廷の位階システムと一体化して、ヴェルサイユの日々の時を刻んでいた。

下着の「儀式」——シュミーズ、コルセット、パニエ

朝、最初に行われるのは、シュミーズの儀式である。夜着であるシュミーズを脱ぎ、新しいその日のための真っ白いリネンかシルクのシュミーズを身につけることは、17世紀ルイ14世の治世から続く、ヴェルサイユの大切な朝の儀式であった。ルイ14世の時代には、朝のシュミーズを手渡すことができるのは名誉ある行為であり、それだけでひとつの官職をなしていた。つまり、フランス侍従長がその大役を担い、着替えの際には右袖を通すの

は寝室部に所属する第一侍従官《こしょうかん》が、左袖を通すのは衣裳部の第一侍従官が受け持つという形になっていた。*3 本来私的な空間で身につけられているシュミーズは、王の儀礼の中では列席者の面前で日常的に披露されている衣服でもあった。「初夜のシュミーズ」もそうであったように、シュミーズという名のもともと下着であった白いリネンの長シャツは、くつろいだ私的空間で身につけられた衣服でありながら、王家の人々にとっては、人の目人の目にも触れ、公開されることもあるという二面性を持った衣服であった。そのことは、言い換えると、王家の人々の日常生活のすべてが公的なものとして扱われ、プライヴェートな時間がいっさいなかったことを物語っている。ルイ14世の朝の起床の儀式において、シュミーズを手渡すことが仰々しく行われたのは、それが王の身体に触れるものであったからであろう。マリー・アントワネットにとっても、同様に、1日の始まりは、まずこの恭しいシュミーズの儀式から始まるのであった。

アントワネットにシュミーズを手渡すのは、その場に居合わせた最も高位の貴婦人が務める名誉ある行為であった。そこで、こんな出来事が起きてしまう。

ある冬の朝、アントワネットがすでに夜着を脱いだ状態で、女官からシュミーズを受け取ろうとしたときに、王家の血筋をひくオルレアン公爵夫人がやってきた。すると、当然のこととして、この女官は女中頭にこのシュミーズを戻し、オルレアン公爵夫人にシュミ

図1：左=コルセット、1760年頃、
右=子ども用コルセット、18世紀中頃。
いずれも全体にボーン（鯨のひげ）が入っている

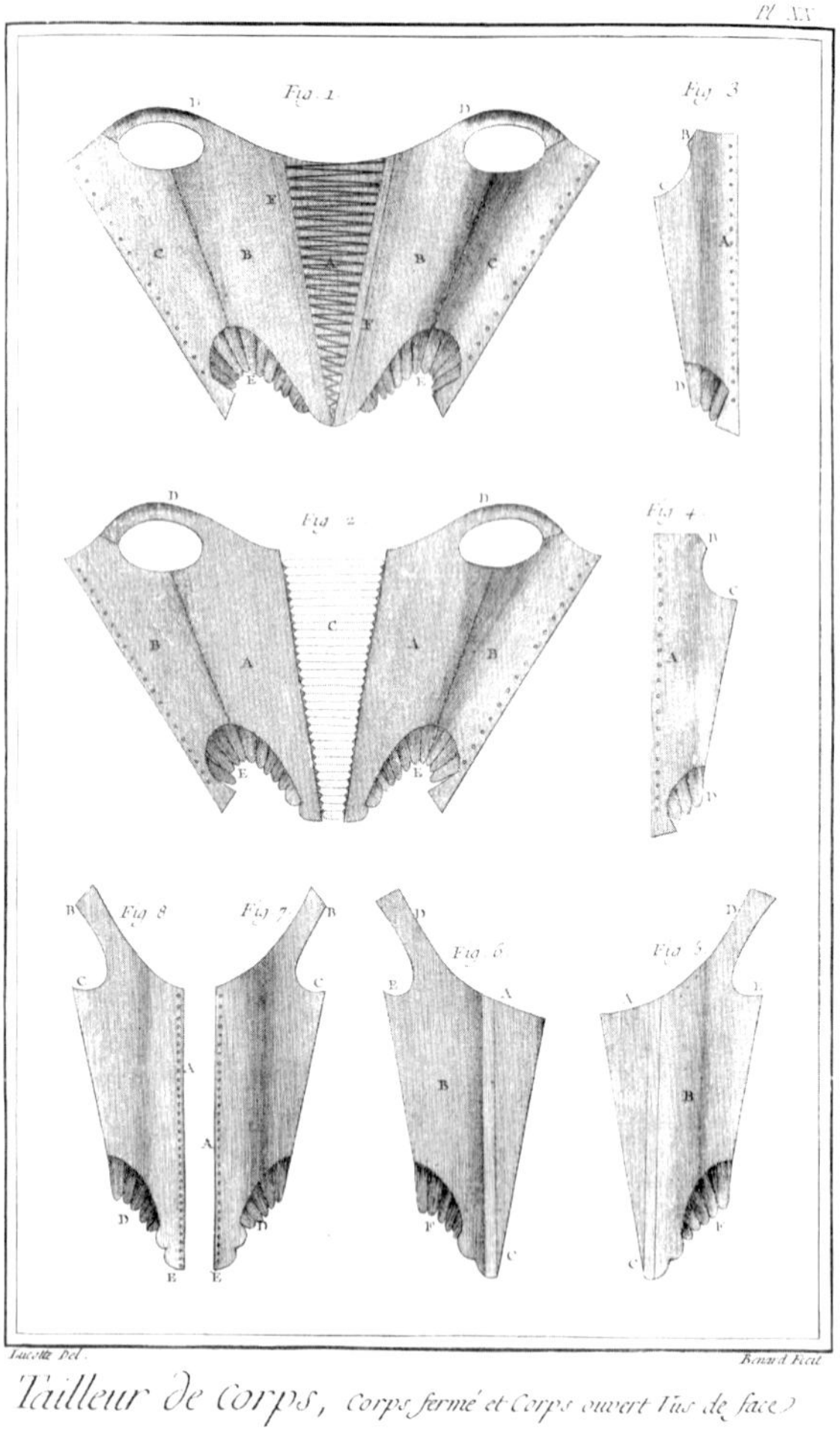

図2–1：コルセットの展開図（前面）、
コルセット仕立師（タイユール・ド・コール）
の図より（『百科全書』）

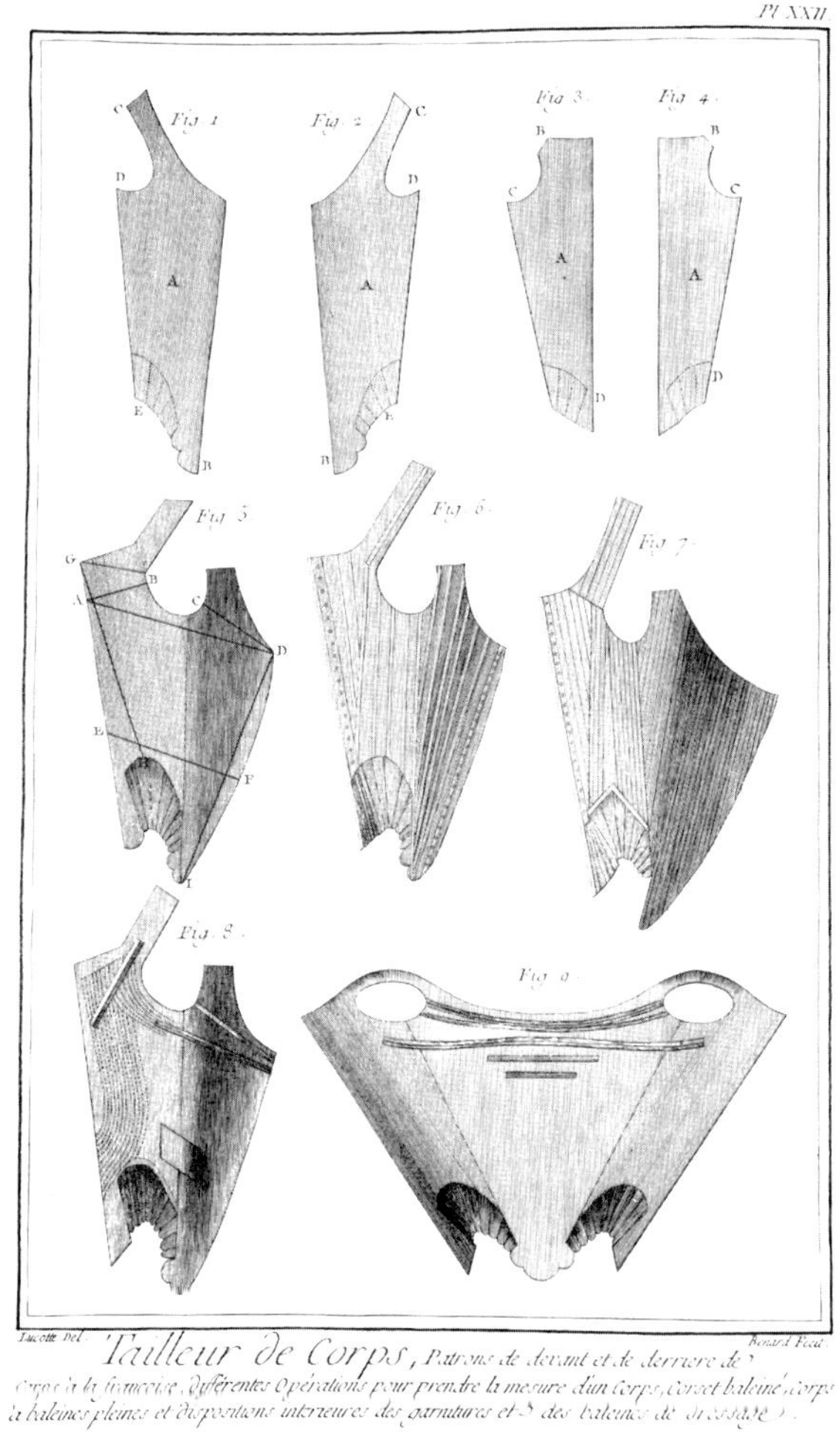

図2−2：コルセットの型紙、
コルセット仕立師（タイユール・ド・コール）
の図より（『百科全書』）

ーズを渡してもらうことにする。すると今度は突然、マリー・アントワネットの義妹であるプロヴァンス伯爵夫人、つまり直系王族が現れたので、オルレアン公爵夫人は、プロヴァンス伯爵夫人にシュミーズを渡さざるをえなくなり、やっとのことで、プロヴァンス伯爵夫人からアントワネットはシュミーズを受け取ることになったのである。このとき、裸でいたアントワネットは胸の前に腕を組んで寒さにこごえ立ちすくんでいた、と女官長のカンパン夫人は回想している。[*4]

シュミーズの後に身につけるのは、靴下、コルセット、パニエである。アントワネットが母に書き送ったように、これらの下着を身につけていく過程や、「お化粧と身支度」は、高位の貴族たちの面前で行われていた。コルセットは当時のフランスでは、コール・ア・バレネ（corps à baleiné）と呼ばれた（図1）。バレネとは、「鯨の」という意味である。つまり、適度の硬さがありながら人体のラインに沿って美しくしなることのできる、鯨のひげが多数、扇子の骨組みのように縫い込まれた胴締めのことであった（図2－1、2－2）。鯨のひげの本数によって、少なめのものはコール・ア・ドゥミ・バレネと呼び、めいっぱい全面を鯨のひげで覆うものはコール・ア・バレネ・プレーヌと呼んでいた。鯨のひげは、コルセットを作る際の重要な素材であったが、ランプの明かりのために必要な鯨油を採取するため、当時は捕鯨が行われていたこともあり、一般的に手に入れることができる服飾素材であった。日本においても、江戸時代には、武士が正式な場で身につけていた裃《かみしも》の肩をぴんと張らせるために、内側に鯨のひげを使っていたという。洋の東西を問わず、鯨のひげは、服飾によく用いられる素材だったのである。

ただ、アントワネットは、当初、あまりコルセットを身につけたがらなかったのではないかと思われるふしもある。というのは、母マリア・テレジアが、嫁いで間もないアントワネットが、きちんとコルセットを締めずにいるがために、太ってきていることを嘆き小言を述べている手紙が残っているからである。

あなたはひどく投げやりで、歯もきれいに磨いていない、と。きれいな歯は体型に劣らず大切なことです。ヴィンディシュグレッツ夫人はその体型についても、以前より見劣りがすると申しておりました。今のあなたはちょうどからだができていく年頃で、こうしたことはとても危険な兆候です。(中略)寸法を知らせてくれれば、こちらで鯨骨の胴着あるいはコルセットを誂えます。パリのものはきつすぎるそうですからね。出来上がったら使いの者にそちらへ届けさせます。*5

アントワネットが歯を磨くことを怠っていたことも衝撃的だが、どうやら、コルセットを締めない生活を送っていた様子がウィーンの母には伝わっていた。そこで、母はオーストリア製のコルセットを送り届けようとさえしていた。マリア・テレジアの手紙によると、フランス製のコルセットは、オーストリア製のものよりも、かなりきついものであったようだ。それで、アントワネットは慣れないフランスのコルセットを身につけるのを嫌がっていたのだろうか。

コルセットは、大人の女性だけが身につけていたものではない。マリア・テレジアが述べているように、コルセットは柔らかい女性の体を整える機能を持っていると考えられていた。だから、小さな子どもや幼児も、コルセットを身につけるのである（図1）。つまり子ども用のコルセットというものが存在していた。[*6] 子ども用のコルセットは、腰部を細く見せるためのものというよりは、幼い柔らかな体がくにゃくにゃになって姿勢が悪くなってしまわないように、きちんと体型をまっすぐ整えてあげるため、ゆがみのない体に成長していくのを補助するためのものであった。つまり、親の愛情が、子どもにコルセットを着用させたのである。そういう意味では、結婚した当時のアントワネットも、弱冠14歳であったとはいえ、幼少時からコルセットには慣れていたはずである。結婚前の彼女の肖像画からもコルセットを身につけていた様子が見てとれるからだ。

そして、コルセットの次に身につけるのは、パニエである。パニエは、通説では、17

18年にある喜劇女優が舞台上で笑いをとるために着用したのが始まりと言われている。スカートを大きく膨らませて、おどけてみせたのだろう。しかし、その舞台から、予想外の、パリ・モードが誕生するという面白い現象が見られたのであった。さらにもうすこし調べてみると、1722年11月5日にシャンティイでは国王の御前にて、また1723年2月25日にイタリア劇場にて、まさしく『パニエ』という名の喜劇も上演されていた。[7] この喜劇はルグランによるもので、弁護士モーポワンによれば、この小喜劇は、スカートを大きく膨らませるパニエの大流行から生まれたものだ、という。1718年に芝居からモードが生まれ、1723年には、最新パリ・モードから芝居が生まれた。フランスの18世紀は、芝居とモードが互いに影響を与え合っていた時代であるが、こんな風に、パニエというこの時代を象徴する矯正下着も、芝居とモードの相関関係がうかがわれる衣服のひとつであった。

パニエ（図3）は、マリー・アントワネットの時代には女性なら誰もが身につけるものになっていたから、当然、アントワネットの朝の着替えの折には、これは不可欠な品である。しかも、パニエは、いくつも種類があった。朝の着替え用のパニエは、「パニエ・デュ・マタン」と言い、小さく柔らかめで、馬の毛が織り込まれていたものであり、別名を「熟考・敬意《コンシデラシオン》」と言った。「末っ子《カデ》」という名前のパニエは、膝下、指2本ほどのところま

図3：パニエ、鉄製。革でカバーされており、
リボンは麻布。高さ24cm、幅29cm、奥行94cm。
1775年から1790年頃

図4:化粧着(ペニョワール)。朝の身づくろいをしている様子

での丈しかないものであり、「詰め物《フレ》」という名前のパニエは、女性の腰やお尻をふっくら補強するためのものとして、そのように呼ばれた。[*8] さらに、宮廷用のパニエは横に広がったもので、そこに肘を休めることができたために、たとえば「肘掛け付きパニエ《パニエ・ア・クード》」と呼ばれたり、「快適風《ア・ラ・コモディテ》」などと呼ばれることがあった。そのほか、名前がついていないさまざまな種類が存在したようだ。[*9] 目下、アントワネットは、朝の着替えの最中なので、いわゆる「コンシデラシオン」を身につけているところだろう。

下着姿を人前で見せることなどありえないと現代人は考えてしまうが（いや、そうでもないかもしれない、下着ルックなるものも、現代には存在するから……）、実はこのような、他人を寝室に招じ入れながら着替えを披露することは、特権階級の、まさしく特権でもあったらしい。そのような「優雅な着替えの時間」に憧れて、真似する人さえ現れ、そのことを当時の作法書が厳しく非難することまであったくらいである。[*10]

化粧着

そうしてシュミーズから順番にコルセットやパニエを身につけ、さらに朝の時間ならば、薄くて軽い化粧着（ペニョワール、あるいはネグリジェ）（図4）を、その上に羽織ったことだろう。この薄い化粧着姿で、化粧台の前に座り、侍女に助けられながら、化粧をしたりするのが、長い優雅な朝の次の段階である。

18世紀は部屋着の時代であると言ったのは、19世紀後半、フランス第二帝政期に18世紀研究を行ったゴンクール兄弟であった。ゴンクール兄弟によれば、「女性の真の趣味は、（中略）普段着のおしゃれ、部屋着の魅力の方に方向転換をする」*11とのことであった。部屋着や普段着のことは、後にあらためて述べることにするが、ここでは、まず化粧着について、すこし見ていくことにしよう。

化粧着は、柔らかな薄いシルクなどでできていたと考えられる。ゆったりとした薄手のガウンのようなドレスである。それを下着姿の上にさらりと羽織ったしどけない姿で、化粧をしながら、あるいは、当時上流階級で流行りはじめたショコラやコーヒーを、小さな花模様や雅宴《フェット・ギャラント》画の様子が描かれたセーヴル焼のカップでいただきながら、訪ねてきた男性と、そのままの姿で、歓談、談笑する。そういう風景が、貴婦人の朝の習慣として、当たり前に行われていた。

いったい、羞恥心はどうなっているのか、と怪訝《けげん》に感じる人もいることだろう。しかし、羞恥心にも歴史があり、このような感性は時代とともに変遷していくのである。そして、社会的な身分によってでも、感性は微妙にずれるものでもあった。18世紀の大貴族の女性にとって、自分より格下の者たちは、羞恥心を引き起こす必要などまったく感じることのない相手であった。要するに、大貴族の女性からすれば、身分が下の人物は、畑のかぼちゃやキャベツと同じようなものなのである。ジャン゠クロード・ボローニュによれば、「18世紀まで上流の女性が入浴しながら来客に会っても非礼ではなかった[*12]」ほどである。18世紀後半の作法書などを著したジャンリス夫人はローマに滞在中浴槽に入ったまま、しばしば駐教皇領フランス大使を招き入れたし、ヴォルテールの憧れの女性シャトレ夫人は使用人の男ロンシャンの眼前で着替えをするばかりか、彼に入浴の手伝いもさせた[*13]。これに狼狽したロンシャンは、次のように述べている。

私は妹とふたりになったとき、シャトレ夫人はいつもあのように皆の前でシュミーズを着替えるのかと尋ねた。妹は、そうではないが、使用人の前では全然気にならないのだと答えた。そして妹は、この次にもう一度同じようなことがあってもそれに気づいた様子を見せないほうがいいと言った[*14]。

使用人あるいは自分より下位の者の前で、裸体、あるいはそれに近い姿になることに、高位の女性たちはいかなる躊躇《ちゅうちょ》も感じなかったのである。

以上の入浴時の羞恥心の欠如は極端な話かもしれないが、化粧着の時間は、まさしく高位の誉れ高き人々にとって、その下位の者への無関心さによって、自らの身分の高さを相手に知らしめる時間でもあった。このような優雅な時間を持てることが高貴さの証でもあった。しどけなく、化粧の甘い香りが漂い、まどろむような、親密《アンティム》な間柄にだけ許された、官能的とも言える時間。これこそ、ロココの女王にふさわしい、ゆったりとした午前の過ごし方なのである。

毎朝のドレス選び

ツワイクが描いたアントワネットの朝の様子の続きは以下のようである。

侍女は腰をかがめて、衣裳部屋にあるすべての衣裳のひな型がピンで留めてある二つ折りの版の書物をお目にかける。マリー・アントワネットは、今日はどの婦人服を着るかを決定せねばならぬ。なんという困難かつ責任重大な選定であろうか。なぜなら、年々新調される無数の衣裳はいわずもがな、各季節ごとに十二着の公式衣裳、十二着の非公式服、十二着の儀式用衣服が定められているからである。（流行界の女王が同じ衣裳を着たりなんかしたら、いかに不名誉なことになるか思い見よ。）そのうえ、裁縫師や侍女たちの一隊が忙殺されている目に見えない兵器庫からくり出される、部屋着、胴衣、レースのスカーフ、肩掛け、帽子、オーバー、胴締、手袋、ストッキング、下着類等々、選択はいつも手まどる。ようやくのことで、謁見式のためにはこの儀式服、午後にはこの略服、夜は正装といったぐあいに、マリー・アントワネットが今日着用したいと思う衣裳の見本に、ピンがさされる。これで最初の気がかりが片付く。[*15]

化粧着でゆったりと過ごしながら、衣裳係から差し出された衣裳見本帳を見て、その日の衣裳を決める。これが、午前の儀式のクライマックスである。ここからわかるのは、少なくとも、公式の衣裳と、非公式の衣服、儀式用の衣服の3種類があったことである。実際にはこのあと述べるように、さらに細かく種類がある。

毎朝、アントワネットに衣裳見本帳を見せる衣裳係長《ダーム・ダトゥール》（dame d'atours）は、代々数えて5人存在した。最初の衣裳係長はヴィヤール公爵夫人で、1770年4月から1771年9月まで務めた。残念ながら彼女は死によって、この仕事を次に譲らなければならなくなった。次の衣裳係長はコッセ公爵夫人で、1771年9月から1775年6月まで務め、次のシメイ王女は1775年6月から9月まで、マイイ公爵夫人は1775年9月から1781年11月まで、そして最後の衣裳係長はオスン伯爵夫人で1781年11月から1792年11月までの在任であった[*16]。したがってオスン伯爵夫人は、王家の凋落《ちょうらく》を目の当たりにすることになった。

最近の研究成果によって、最初の衣裳係長であるヴィヤール公爵夫人の死後の遺産目録が発見され、そこにアントワネットの衣裳の数々が細かく記されていることが明らかになった。そこで、この研究成果をもとに、以下にアントワネットの衣裳とはどのようなものだったのか述べてみよう[*17]。

まず、衣裳係長の仕事とはどんなものだったのか、見ておきたい。衣裳係長は権威ある役職であった。彼女の配下には、多くの専門職の女性たちがおり、たとえば複数の衣裳係の女性たち、リネン屋、洗濯女たちはもちろんのこと、男性仕立師《タイユール・ダビ》や、女性仕立師《クチュリエール》や、そのほかの多くのモードに関する職人たちが働いていた。ヴィヤール公爵夫人の場合、衣裳係長として、600リーヴルの給金をもらい、それとは別に食費として3600リーヴル、馬車代として886リーヴル、住居費として4000リーヴル、つまり、1年に9086リーヴル（円に換算すると9086万円程度か）を得ていた勘定になる。そしてさらにプラ

図5:〈宮廷衣裳のグランダビを
身につけているマリー・アントワネット〉
デレ原画、ドゥニによる版画、1779年

図6：グランダビ、1770年代後半、フランス。
アイボリーの縞柄のリヨン製絹ブロケードによる
花束と折れ枝柄。共布の縁飾り。
胸当て（ピエス・デストマ）には18世紀に
特徴的なシュニール糸による花飾りがついている

スしてお金を稼ぐこともできた。つまり衣裳係長は、アントワネットの着なくなった衣裳について、処分《レフォルム》する権利を持っていたからである。
「処分」とはどういうことだろうか。ジャンリス夫人によれば、次のようなことである。

王妃の衣服に関するすべて、つまり、衣服や、レースや、シフォンの購入はすべて衣裳係長の権限で行われていました。彼女の立場のあまり高尚ではない権利によって、処分されるすべてのレース、すべての金銀の布類の利益は彼女のものになったのです。つまり、これらの処分を決定するのは彼女の役割でした！　召使の女性たち《ファム・ド・シャンブル》に残されているのは、シンプルな布地やリネンやシフォンの処分のみでした。ですから、この権利は、女官にとって5万フラン以上の価値がありました。彼女はすべての衣服を古着屋に売っていました。王妃のレースを買うのは強いしきたりによって行われていたのです。しかも、これらのレースは大変すばらしく新品同様でした。服装だけでなく、靴や、豊富な化粧道具もありました。この人たちは、ドレスや、グランダビ（宮廷衣裳）を調度品に仕立て直すために買っていたのです。[*18]

衣裳係と女官の役割がやや曖昧に記述されてはいるが、いずれにしても、この人たちはアントワネットの衣裳の売買で利益を得ていた人たちであったことがわかる。

ヴィヤール公爵夫人の遺産目録（巻末参照）に記された衣裳は、アントワネットの前の王妃、つまりルイ15世妃のマリー・レクザンスカの衣裳を受け継いでいる部分もあり、また、目録に記された衣裳の説明に「王太子妃のもの」と明記されていない場合のほうが多かったが、これらの衣裳のすべてが、アントワネット自身の衣裳部屋に存在していたことから考えて、遺産目録に記された衣裳はすべてアントワネットのものであったと結論できる、と目録を解読したマチュー・ド・ヴィンハは述べている。

これらの内容を見ると、63着のグランダビ、75着の部屋着（シンプルなものや小さなものも含む）、25着のドレス（シンプルなものや小さなものも含む）、乗馬服が4着、11着のカラコ、そしてそのほかの何オーヌ（1オーヌは1・2メートル）もの布類やたくさんのリネン類などなどが列記されている。グランダビとは宮廷衣裳のことで（図5）、少なくとも3種のアイテムで構成された衣裳である。まず上着のコール、内側にはコール・ア・バレネをつけている。そして、非常に大きなパニエをつけ、その上にはジュップ（スカート）を身につけている。さらに、ローブを身につけており、これには長い引き裾（キュー）がついている。[*19] グランダビの中でも、背面に決まった数の襞《ひだ》がついているものは、別名「ローブ・ア・ラ・フランセーズ」（図6）と呼ぶ。総額は1万7804リーヴルである。ひとつひとつの衣服を見てみると、意外にもグランダビ1着はそれほど大きな額にはなっていない。グランダビ1着にはコルセットやペチコートなどの付属物が含まれているが、それらをいれたとしても120リーヴルほどであった。つまり、衣裳に付属して用いられるレースやリボンなどの装飾物、刺繡や宝石などが、衣裳に大きな付加価値を与えていたということになる。

そして、毎年、衣裳係長は、自分の女主人のための衣服を充実させるために、さまざまに買い足していったのだという。

また別の1779年の史料によれば[*20]、アントワネットの毎年の衣裳の買い物は次のようなもので構成されていた。まずは宮廷衣裳（グランダビ、ドレス、そしてローブ・ア・ラ・ポロネーズ）、各種の部屋着、そして、季節ごとの衣服である。まず宮廷衣裳に関して見ると、「冬季には、万聖節と新年のために、新しい美しい2着／前年の衣服が2着、これらは万聖節と、新年、そして、クリスマスと、聖マリアの御潔めの祝日のためのもの／ほかに5着の新しいものがあり、そのうちの2着は上質で、3着はそれほどでもない」。そして、そのほかのドレスに関して言えば、「冬季には、グラン・パニエのついた9着のドレス。そのうちの1着は大晦日のためのもの／1着は、去年の大晦日のときのもの」となっている。つまり、アントワネットは、いつも新しいドレスを着ていたわけではなく、1

年前の衣裳も（！）身につけていたことがうかがわれる。なかにはさほど上質でもないものさえ見られる。そして、1年のうちの特別な日、たとえば新年やクリスマスなどの祝日には、新しいドレスを新調していた。

つまり、アントワネットは、よく言われているアントワネット像とは意外にも異なり、必ずしもドレスを1回ぽっきりしか身につけなかったわけではなかったのである。新しいものも、ちょっと古いものも、身につけていた。そして、一揃いのドレスそのものを考えてみると、1着のグランダビ（宮廷衣裳）は、いくつもの衣服のアイテムで構成されているので、実際にはさらにより複雑になっていた。つまり、いわゆるローブとコルセットとパニエとペチコート、そしてその上に装飾物がいろいろ重なっているので、その組み合わせの仕方次第では、さまざまな新旧入り混じる組み合わせのヴァリエーションが生まれていた可能性も考えられるわけなのである。これは、実際、宮廷衣裳のような素晴らしい衣裳の布地は大変高価で貴重なものであったから、それらの貴重な布を大切に受け継ぎ扱ってきたことをも意味しているのだろう。

このような衣裳（ヴィヤール公爵夫人の目録によれば、およそ246着もの衣裳類）のリストから、アントワネットは、その日に身につける衣裳の組み合わせを、毎朝、決めていたということになる（実際には、ヴィヤール公爵夫人の目録にあるものだけがアントワネットの衣裳のすべてではないから、もっと多くの衣裳があるはずである！）。ただ、史料によれば、結婚したての頃のアントワネットは、自分で決めるほど衣裳への執着心はなく、衣裳係長に示されるままに、身につけていたようだ。そのような「うぶ」なアントワネットが、やがて自分で、このドレスを、こんな風に身につける、と意思決定していくようになる。そこには、彼女のもとに出入りをしていた、ローズ・ベルタンをはじめとする世知に長けたモード商人たちが、毎朝のように目の前に開陳してくれるさまざまな贅を凝らした衣裳や服飾小物によって、しだいにアントワネット自身の目が肥えていったのか、センスが磨かれていったのか、あるいは彼女自身が自分の好みというものを自覚するようになっていったのか、そのようなアントワネット自身の女性としての成長さえうかがえるように思うのである。

アントワネットの衣裳目録《ガゼット・デ・ザトゥール》（Gazette des atours）の1例をあげてみよう。図7に示しているのは、現在フランス国立文書館に保管されている1782年の王妃のための衣裳目録の一部である。[*21] これは、時期的には、衣裳係長をオスン伯爵夫人が務めていたときのものになる。オスン伯爵夫人の本名はジュヌヴィエーヴ・ド・グラモン、1751年7月に生まれたショワズール公爵の姪であった。彼女がオスン伯爵と結婚した後に、アントワネットに見出されて、アントワネットの最後の衣裳係長を務めることになった。

衣裳目録は濃い緑色の表紙がつけられており、そこに、1782年用の王妃の衣裳目録である旨が記され、オスン伯爵夫人の名前も記されている。ページをめくっていくと、見開きで右側の1ページにつき、ひとつの衣裳が取り上げられて、たとえば、「グランダビ（宮廷衣裳）」「ローブ・チュルク（トルコ風ドレス）」「ローブ・アングレ（イギリス風ドレス）」「レヴィト」「ローブ・シュル・プチ・パニエ」のような衣裳の名前が、最上段に手書きで記されており、その下に、そのドレスの布片が、いくつか貼り付けられているという具合になっている。布片の横には、やはり手書きで、「Robe par Mme de Normand」や「Robe garnie par Mlle Bertin」などの文字が見られる。ノルマン夫人の名前は最も多く登場するが、当時大変人気のあった絹織物商で、サントノレ通りに店を構えていた。ベルタン嬢はもちろん、アントワネットのところに出入りをしていた最も有名なモード商人で、やはりサントノレ通りに店を構えていた。このように、どこの誰から購入した布地なのか、ドレスなのかがわかるようになっている。ただし、購入先の名前がいつも記されているとは限らない。また、この衣裳目録の総ページ数は、43ページであるから、すくなくとも43着の衣裳がここに目録として示されている。

布片はあるが、衣裳そのものの形はこの目録からはわからない。つまり、上記のような衣裳の名前を見て、アントワネットはそのドレスの種類を想像して選んでいたのだろう。

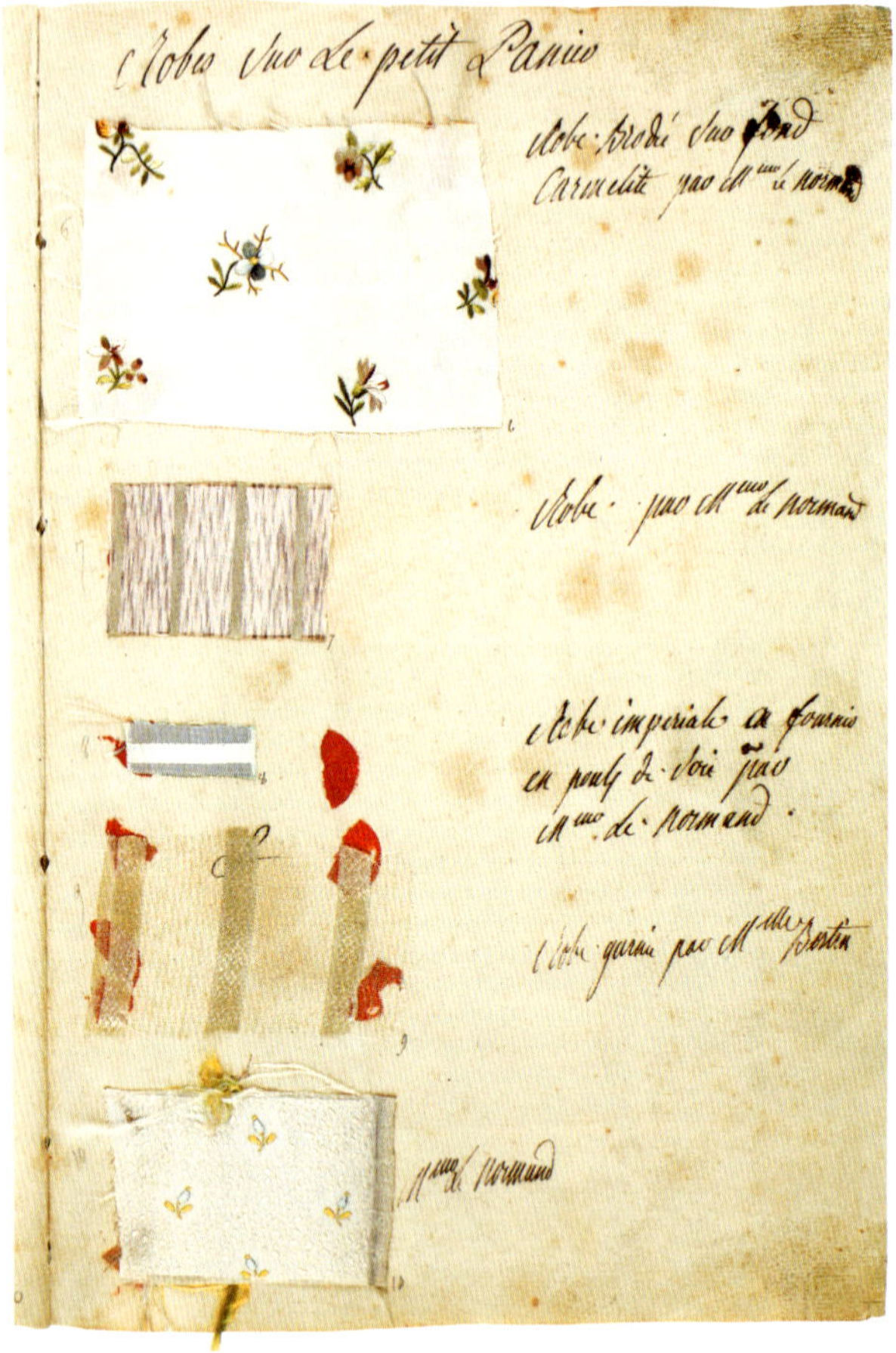

図7：マリー・アントワネットの1782年の衣裳目録より。
下から2つめの布片には、
「ベルタン嬢による」と記されている

アントワネットのこの衣裳目録を実際に見てみると、私たちが感じるのは、予想に反して、シンプルかつ控えめな印象の布地が多いということではないだろうか。アントワネットは贅の限りを尽くした王妃であったと思われているし、当時の絹織物の技術から言えば、もっと凝った最高級の技術のブロケードやブロシェ、ダマなどのような重厚な布地を扱っていたのではと想像してしまいがちであるが、この衣裳目録には、意外にも、素朴とさえ言えそうな印象の布地が貼り付けられている。数えてみると、飾りのない無地が42件、縞模様あるいはシネ（つまり東洋の絣と同じ先染め技術による布地）が28件、そのほかはタフタや、サテンや、ペカンのような布たちである。アントワネットの趣味は意外にも慎ましやかで控えめ、そして重厚なものよりは軽やかなものだったのではないかと想像される。

アントワネットの女官長であったカンパン夫人は、その回想録の中で次のように述べているから、確かに、このような衣裳目録を見て、アントワネットは衣裳を決めていたのであろう。

毎朝、衣裳係の小姓が女官長に1冊の本を手渡すのだが、その本には、ドレスや、グランダビや、部屋着などの布片が貼り付けられていた。ひとつひとつの小さな装飾物のかけらはそれがどのようなものなのかを示していた。王妃が目覚めると、女官長はこの本を針山と一緒に王妃に手渡したものだった。そうすると、王妃はその日に身に着けたいものすべてにピンを刺して示すのだった。ひとつは今日身に着けたいグランダビの上に、またひとつは午後の部屋着の上に、またひとつは、プチ・アパルトマン（王妃の小さな居室）で過ごす際の、ゲームや食事のときのための凝った飾りのある衣裳の上に。そして、その本はまた衣裳部屋に戻され、しばらくすると、衣裳係が大きなタフタの布地の中にその日に必要なすべてのものをくるんで、ご覧いただくために戻って来るのだった。*22

御用商人のエロフ夫人

アントワネットのところに出入りをしていたモード商人は、幾人か存在したが、中でも歴史に名を残したのは、「王妃のモード大臣」の異名を持ったローズ・ベルタンであろう。彼女に関する研究書は複数見られ*23、歴史的な評価もさまざまに行われているが、ここでは、アントワネットのところに最後に出入りをしていた、もうひとりの御用商人のエロフ夫人のを取り上げてみたい。というのも、１７８３年から１７９３年にかけてのエロフ夫人の仕訳元帳《リーヴル・ジュルナル》なるものがパリのフランス国立図書館に現存しているからである。[*24] この1793年というのは、ルイ16世が亡くなった年で、アントワネットに喪服を調達したのも、エロフ夫人とされている。

モード商人（marchand de mode《マルシャン・ド・モード》）というのは、仕立師ではない。まさしくモードに関わる服飾品を商う者であって、彼女が扱う品は、白いリネンの下着類や高価な織物類、そしてリボンや羽根飾りや、髪飾りに用いるアクセサリーや、そのほかさまざまなあらゆる服飾小物であり、多岐にわたっていた。エロフ夫人は、やはりモード商人として知られたポンペイ夫人の姪で、名誉ある特権を受け継ぎ、王妃のもとに出入りをしていた。

手稿史料であるエロフ夫人の仕訳元帳を整理して1885年に刊行したのは、ギュスタヴ・アルマン・アンリ・ド・レイゼ伯爵で、この著書の冒頭に、アントワネットおよびエロフ夫人について、深い敬意をこめた序文を書いている。それによると、アントワネットは一度信用すると、その人物を最後まで信頼し続け、決して見捨てることはなかったとか、王妃は多くの芸術家や職人たちを奨励し続け、たとえば王妃が身近な人々のために贈り物をするときには、セーヴル焼などのフランスを代表する工芸品や芸術品にMとAのイニシャルをつけて贈ったものだったとか、さらに、王妃は決して支払いが滞ることはなく、いつもきちんきちんと支払っていたこと、また、王妃は衣服を身につけるのにそれほど長い時間を割いていたことは全くなく、しっかりとした趣味を持っていたために、何を身につけるのか即座に判断して命令していたものだ、そもそも王妃は自分のための時間はなかったのだから、などというような、思いがけない記述が見受けられる。レイゼ伯爵が、アントワネットに敬愛の念を抱いていたのは明らかで、彼女の生前および死後にいかに多くの否定的な「嘘」で、王妃アントワネットのイメージが塗り固められてしまったことか、と嘆いているほどである。またレイゼ伯爵によれば、王妃はひとりのときはいつもタピスリーを織っていたり、編み物をしたりしており、そのような手仕事をしながら王を待っていたものだったという。アントワネットも、針仕事や裁縫を普通の貴婦人と同様に嗜んでいたのはすでに知られていることだが、レイゼ伯爵によれば、浪費癖とは程遠い堅実なアントワネット像が浮かび上がってくる。

いっぽう、エロフ夫人がしていた仕事として、ヨーロッパ各地の姫君たちに、ファッション・ドール（人形）を送り届けていたことが記されている。諸外国の姫君たちはそれらの中から、気に入ったものを選んで、エロフ夫人に注文していたのであった。ファッション・ドールは、18世紀を通じて、フランス、つまりヴェルサイユから、諸外国に送り届けられ、そのような形で、フランスのモードがヨーロッパ中に影響を及ぼすことになっていた。

それでは、エロフ夫人の仕訳元帳には、どのように記述がされているか、具体的に見てみよう。たとえば、1787年の1月1日から3日まで、王妃との取引は以下の通りである。

1月1日――王妃のために――1と2分の1オーヌのアランソン・レースを下地にしたブロンド・レース、美しい縁取りがついており、青い厚地のサテンでできたルダンゴトのアマディ袖のためのもの。12リーヴルから18リーヴル。リボンと仕立代、12スー。計18リーヴル12スー。

1月2日――王妃のために――届けたもの。12枚のイギリス製のフィシュ、その4分の5に繊細なリネン《ソワ・ド・ジョンク》による縁取りがついている、8リーヴル10スー、したがって、102リーヴル：7枚のフィシュ、4分の7［「の縁取り?」］、ひとつが12リーヴルで、計84リーヴル：ブルトン嬢に渡したものとして、26オーヌの白いリボン《コメット》、単価10スーで、13オーヌ：届けたもの、2つのイギリスバラのバラ色のリボン、そのうち24オーヌのものは、単価が1リーヴル12スーで、計38リーヴル8スー：24オーヌのもうひとつの幅の狭いものは、単価1リーヴル2スーで、計26リーヴル8スー：24オーヌの幅広の青いイギリス製のリボンは、単価1オーヌ12スーで、計38リーヴル8スー：24オーヌの幅の狭い方は、単価1リーヴル2スー、総計328リーヴル12スー。
1月3日——王妃のために——タフタの白い簡素なマントレがひとつ、イギリス製の繊細なリネンでできた薄布《ガーズ》がついている、39リーヴル：同様に縁取りに同じ薄布《ガーズ》がついたものがひとつ、31リーヴル、総計70リーヴル。[*25]

アントワネットは、1年に何度か衣裳を新調していたが、新年はその典型的な大事な1日であった。上記のようにレースやリボンやフィシュなど、こまごまとした服飾小物を買い求めていたことがわかる。フィシュについては第五章でも触れることになるが、このように多くのフィシュを買い求めていたことは記憶しておきたい。また、この仕訳元帳を整理し、解説も付したレイゼ伯爵によれば、すでに1787年のこの時期には、アントワネットは「簡素さ」というものに魅力を感じていたために、比較的質素な買い物をしていると脚注をつけている。1月2日に記されているブルトン嬢という人物は、王妃の下で働いていた侍女のひとりであり、彼女に手渡したことを記録しているものである。

このようなエロフ夫人の仕訳元帳は、服飾文化史的観点からだけではなく、経済史的な観点や、商業史的な観点からも、分析が可能な史料だと思うが[*26]、ここではこのような形で、モード商人が王妃と服飾にまつわるさまざまな品々を、直接取引していたことを確認しておくにとどめておくことにしよう。

服飾職人さまざま

アントワネットの衣生活を支えていたのは、宮殿の衣裳係やモード商人だけではない。あまたの服飾関連職人がフランス王国内で日々こつこつと働き、美しい品々を生産していた。当時の衣裳は、さまざまな職人による分業体制による成果として、できあがっていた。服飾関連産業は、すでにかなり古くから（中世13世紀頃から）分業で細分化されていたが、17世紀、太陽王ルイ14世によって、服飾産業をフランス王国の主要産業に成長させるよう政策を推し進めたこともあり、18世紀にはこれらは王国の経済を支える真に重要な産業として確立していたのである。つまりこの時期に、フランスはモードの国としての礎を築いたことになる。これらは、主に手工業である。それらの中には、現在のオート・クチュールの技術へと引き継がれていく職人技もある。そこで、どのような職人が、どんな風に服飾品のひとつひとつを生み出していたのか、概観してみることにしたい。その様子をつぶさに教えてくれる史料の主なものは、ディドロとダランベールの『百科全書』である。

アントワネットの衣裳を作っていた職人には、どのような人々がいたのだろうか。少なくとも、男性仕立師、女性仕立師、絹織物職人、レース編み職人、リボン屋、ボタン屋、扇子職人、羽根飾り屋、刺繡職人、かつら屋などなどが考えられる。

〈男性仕立師《タイユール・ダビ》と女性仕立師《クチュリエール》〉

男性の仕立師は、男性服とグランダビ、なかでもよく知られるローブ・ア・ラ・フランセーズのような女性のしっかりとした衣服を主に仕立てていた。１６７５年にクチュリエールと呼ばれる女性仕立師たちの組合が設立され、彼女たちは女性服を仕立てる職人たちであったが、男性仕立師は男物も女物も扱っていた。[*27] たとえば、当時の衣服のパターン（型紙）は、どんなものだったのか、『百科全書』にはその例を見ることができる（図８）。男性服も女性服も布地をたっぷり使った時代ではあるが、意外にもパターンの引き方を見ると、布地をあまり無駄に使わずに余り布をできるだけ出さないように裁断されていたことがわかり、興味深い。

それだけでなく、女性のコルセット、つまりコール・ア・バレネも、長い間、男性仕立師の仕立てる服飾であった。というのは、先に述べたように鯨のひげを縫い込んでおり、それらを縫い込みながら成形するというのはなかなかの力業だったこともあって、こ

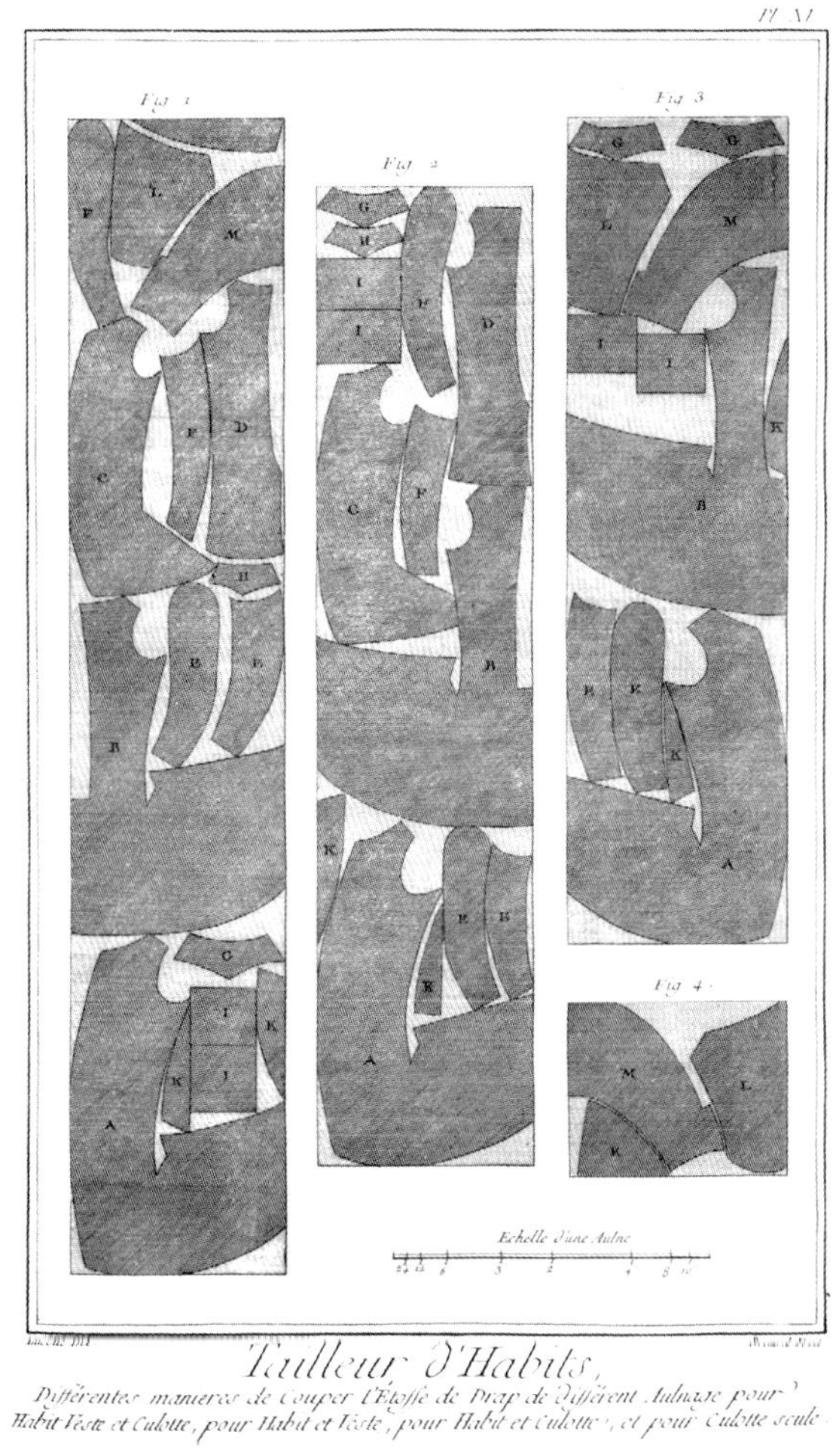

図8：男性の上衣であるアビやジレの型紙図（パターン）。仕立師（タイユール・ダビ）の図より（『百科全書』）

の仕事は女性には少し無理があると考えられていたのである。衣服の中でも、もっとも女性の体に密着していたコルセットを作るには、当然採寸をしなければならず、高貴な女性たちは、またもや恥じらいもなく、夫や恋人以外の男性に上半身の採寸をしてもらっていた。その様子は、数々の版画などに、やや好奇の目をもって描かれ残されている（図9）。コルセットのパターンは、図2－1、2－2の通りである。コルセットは広げてみると扇面のようになり、鯨のひげがどのように配置されていたかがよくわかる。これを胴に沿わせてまるめてみると、肉体の美しい曲線（というよりは18世紀の場合は、腰は締めるけれども、上に広がるしっかりとしたまっすぐなライン）が生まれるのであった。

男性仕立師は1725年の時点で、パリに1882人の親方が存在していた。そして、1788年には、セバスティアン＝メルシエによれば、2800人の親方と、彼らの配下に5000人の職人が存在していた。[*28]

女性仕立師（図10）は、主に部屋着などを作っていた。前章に記したパリの遺体調書に出てくる市民女性たちの衣服の多くは、マント・ド・リという部屋着であったが、これらは女性仕立師が作っていたものである。1675年に女性仕立師の組合ができるまで、女性の衣服もすべて男性が作っていたが、このとき以降、やっと女性が女性のための衣服を作ることができるようになった。しかし、男性仕立師と、その職掌《しょくしょう》についてのせめぎあいはしばらく続き、女性仕立師は1782年になってようやく、女性の下着、男性の部屋着、舞踏会用のドミノなどを作ることが許されたのだという。[*29]

〈リヨンの絹織物職人〉

アントワネットの宮廷衣裳は、主に絹織物によって作られている。絹織物は、当時のフランスでは、そのほとんどがフランス中東部に位置するリヨンにて織られていたものである。絹織物の産地は、トゥールやパリも知られているが、リヨンはこれらの町より、より贅を凝らした上等の布地を織ることで一歩も二歩も先んじている町であった。ルイ14世の時代から、絹織物の町として栄え、この地で織られる絹織物は、貴族たちの豪勢な衣裳に仕立てられるだけでなく、ヴェルサイユ宮殿の調度品から室内装飾、たとえば壁布としても、用いられるものであった。つまり、どうやら衣裳用の布地と、調度品などに用いる布地に、区別はつけていなかったらしく（！）、そういう意味でも、当時の室内の壁面、調度品、そして、姫君たちが身につける衣裳のすべてに、一体感が醸し出され、ロココ様式で統一された美しい空間を演出することになっていたことが理解できる。

リヨンの絹織物は多くが紋織物である。一見刺繡のように見える花模様が一面に散らされているが、女性の格式あるドレスの場合は、刺繡が用いられることはなく、すべて織り

図9：仕立師（タイユール・コスチュミエ）による
コルセットの試着の様子。
ル・クレール原画、デュパンによる版画、1778年

図10:〈エレガントな女性仕立師(クチュリエール)〉、1778年。
右のクチュリエールは、畳んだパニエを抱えている。
左の見習いの娘は商品を大きな布に包んで持っている。
顧客に品物を届けにいくところ

でできている。しかも、これらの花模様は、横糸に別色の糸を渡して、手織りで織っていくものであった。

リヨンの紋織物には、最初、空引き機（métier à la tire）（図11）というものが使われていた。京都の西陣では、高機と呼ばれた織機である。この織機はふたりの職人によって動かされていた。第一の職人、つまり職工は、機械の下の部分（通常職工が座って作業をする部分）に座り、踏み木を踏んで、綜絖《そうこう》を上下して織物の地になる組織を織っていく。第二の職人、つまり空引き工は、織機の上部（かなり高い部分、2、3メートルくらい上部であろうか）に座り、紋を作るのに必要な縦糸を人力で引き上げるという仕事を行う。空引き工が正確に縦糸を引き上げてくれなければ、下にいる職工は紋を作る杼《ひ》を通すことができない。どんなに細かな模様であったとしても、それぞれの模様に合わせて、きちんと縦糸を持ち上げなければならず、しかもその糸の数は相当な数になり、糸の重さもかなりのものなので、大変な熟練を要する仕事であった[*30]（図12）。

18世紀フランスの絹織物の素晴らしさは、現在では、フランス国立図書館に所蔵されているリシュリュー・コレクションの絹織物見本帳によっても、見ることができる（図13）。これらは、1735年から1736年のものとされているので、アントワネットの時代より前のものになるのだが、当時の絹織物の美しさを知るのに、充分に有益な史料と言って

図11:絹織物の織機。
絹織物業(ソワリー)の図より(『百科全書』)

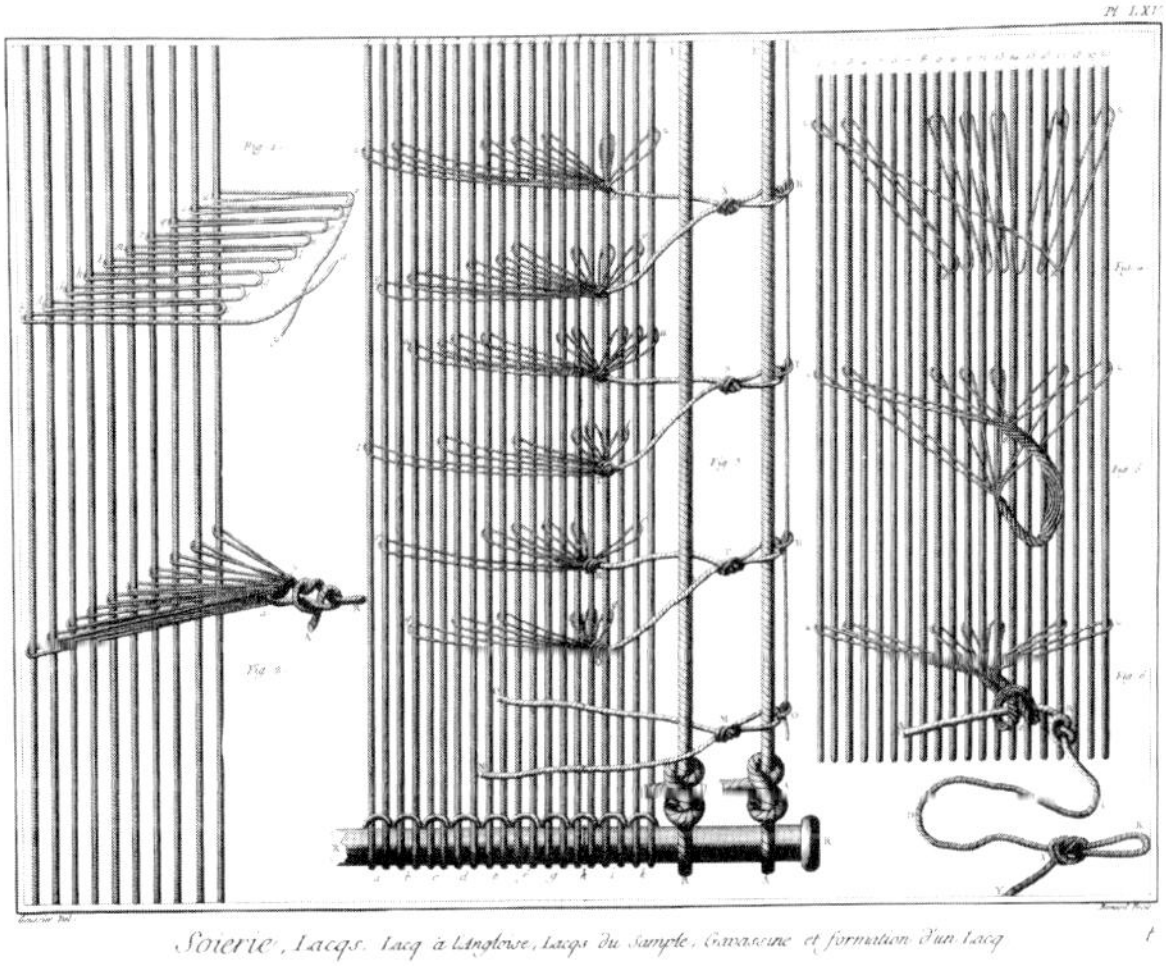

図12:織機にかけた縦糸を、模様に合わせ
て引き上げる方法の図。
絹織物業(ソワリー)の図より(『百科全書』)

図13：絹織物生地見本帳の一部。
1735年頃

よいだろう。小さな布片が無造作に貼り付けられた見本帳であるが、その断片だけを見ても、豊かな色彩と、美しい花々の細かな模様が、高度にデザイン化されて、手織りによる織機の段階で、フランスでは多く生産されていたことがわかる。18世紀後半に多く見られた非常に緻密で繊細な植物模様などが、そこにはたくさん認められるのである。これらの布片はもちろん、王国にとって大変に価値のあるものであったからこそ、このような見本帳の形で後世に残すことになったのだろう。しかも、これらの布地を手織りで再現するのは、今となっては、至難の業だと言われている。

このような手織りの技術（空引き機）の職工の労力は、19世紀になって、ジャカール織機の発明により大幅に縮小されることになった。ジャカール織機によって職工たちは仕事を奪われると感じて、反乱を起こしたそうであるが、ジャカールの技術がその後にもたらした恩恵は計り知れない。

ジャカール織機の仕組みを説明するのはなかなか難しいが、その仕組みの画期的な部分は、パンチカードに穴をあけて模様をすべて写しとることで、それと縦糸、横糸を連動させることにより、どんな図柄でも織り込めるようになったことである。この技術は、日本の西陣織の織機の技術とも同様のものである。リヨンと京都の間には19世紀（日本では明治時代）に技術者の交流も見られ、シルクロードの西端と東端の関係を見ることができる。

さらに、このパンチカードの技術は、機械編みのレースの織機にも応用された。このように、ジャカールの技術は現代に至るまで服飾産業の機械化に大きく貢献している。

しかし、ジャカールの技術が生み出す精巧で美しい紋織物を、アントワネットの生きた時代には、人間の手作業のみで生み出していた。小さな布片の織物見本帳を眺めていると、その繊細な美しさの迫力には、ややもすれば凄みさえ感じられるものがある。アントワネットの宮廷衣裳のみならず、ヴェルサイユの生活空間すべてが、絹織物職工たちの、まさしく汗と涙の結晶でもあり、高度な手織りの技術のたまものであったと言っても過言ではない。

〈レース編み職人〉

レース編み職人の様子は、図14で見ることができる。人間が生み出した糸と針による技術のうちで、もっとも繊細かつ超絶技巧と言えるもの、そして今となってはほとんどが再現不能のものとされているのが、レースである。レースは一国を動かすほどの価値があり、職人は、命を賭して、この技術を守り、極秘密裡《ひみつり》に継承しているものであった。「糸の芸術」とも呼ばれるが、ミクロの領域で造形されているその美しさは、人間の執念さえ感じるほどの驚異的かつ神業的な手技である。もちろん、レースもピンキリではある。しかし

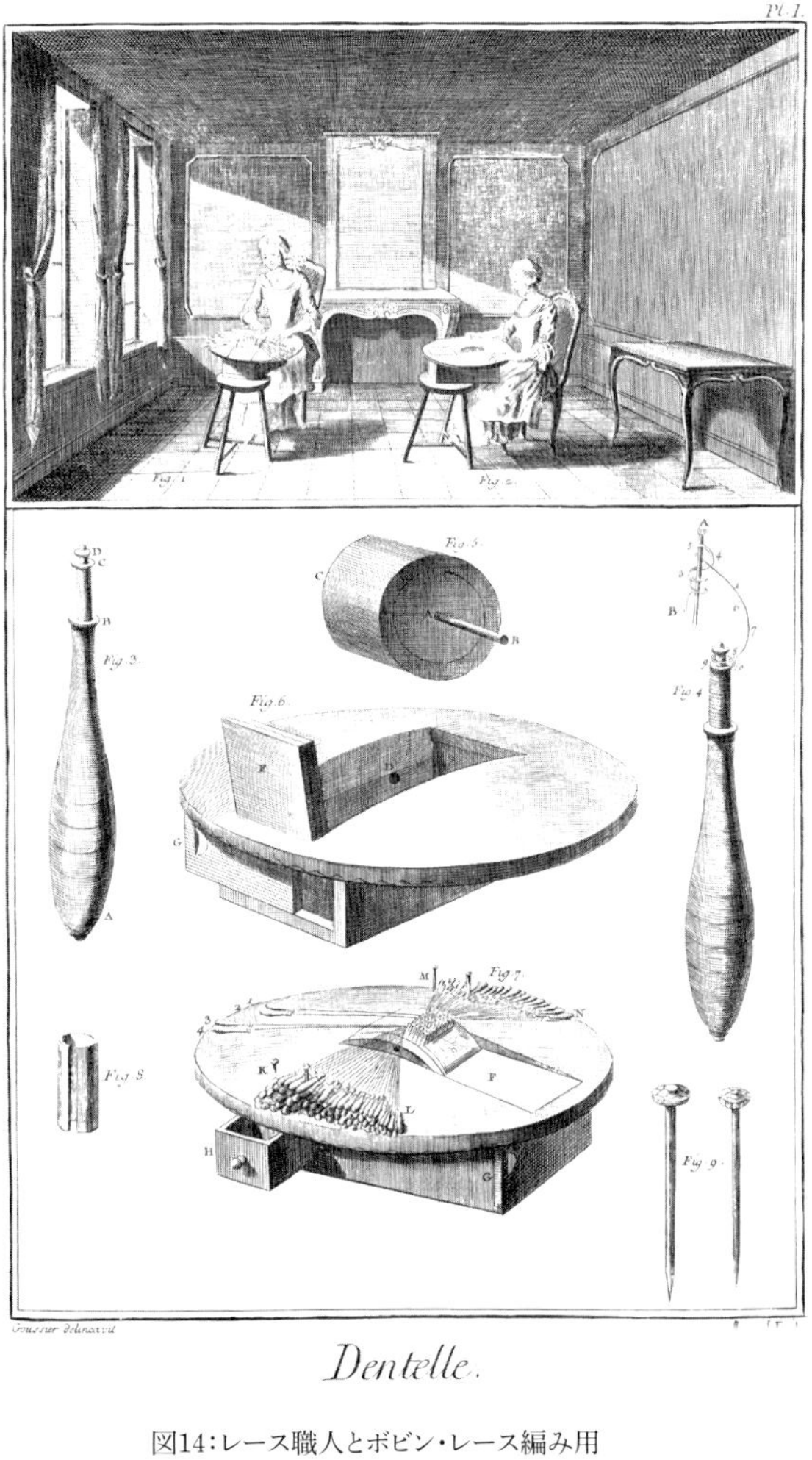

図14：レース職人とボビン・レース編み用の道具。刺繡職人の図より（『百科全書』）

王族が身につけていたレースは、あまたの宝石を集めても、あるいは城館を集めても足りないくらいの価値を持っていた。

そのようなレースには位階があったが、17世紀まではフランスのレースにはほとんど価値はなかった。レースの最上級のものは、イタリア、とりわけベネチアで作られていたものである。その名は、グロ・ポワン・ド・ヴニーズと言った。このレースは、極めて繊細な髪の毛よりも細い輝くばかりの真っ白い亜麻糸による、透かし彫刻のような凹凸のあるレースである。繊細でありながら、力強く、王族が身につけるにふさわしい、どちらかと言えば、男性的なレースであった。レースにはニードル・ポイント・レースと、ボビン・レースという大きくわけて2種の技法があるのだが、ニードル・ポイントのほうが格が高く、グロ・ポワン・ド・ヴニーズは、当然、ニードルによるものであった。実はこのベネチアの技術をのどから手が出るほど欲しかったフランスは、どのような手段をとったのか知らぬが、まるで怪盗ルパンのような秘密の手段によって、職人その人をそのままフランスに連れ出してしまったのである。ベネチアでは、レース職人は領土内から一歩も外に出ることは許されず、国外に出ようものなら極刑に処せられてしまうほどの、厳しい法律で監視されていた。しかし、フランスは表向き上品で涼しげな顔をしながら、裏では恐ろしく強引なやりかたで、彼らを、そして彼らの技術を引き抜いてきたのである。このことによって、フランスにはなかった高度なレースの技術がフランスにもたらされ、グロ・ポワンを模したフランス王国のレース、つまりポワン・ド・フランスが1680年頃アランソンにて生まれることになった。これが、フランスにおけるレース発展の背景にある、ひとつの重要な歴史的事件である。

もうひとつ、レースの産地として重要だったのは、ベルギーである。ベルギーではニードル・ポイント・レースも発展したが、ボビン・レースの極めて美しいものを産出していた。特に知られるのは、マリーヌ地方のレースで、アントワネットの嫁入り道具にもこの地のレースは含まれていた。ベルギーのレースも、フランスの飽くなき欲望の対象となる、重要な技術であり、北方からフランスへの技術流入のルートも、いっぽうで存在している。白糸の美しい繊細なレースをめぐって、国と国が威信をかけて、せめぎあっていた。

いずれにしても、このように、隣国からの技術を、ある意味非合法な手段まで駆使して導入し、それらの技術を発展させるための王立レース工房を設立していくことによって、フランスは18世紀になって、レース大国になっていったのであった。18世紀には、アランソン、ヴァランシエンヌ、アルジャンタンなどの重要なレース産地が生まれていく。

とはいえ、そのような国と国の目に見えぬ争いを背景に持ちながらも、レース編みは、高度な技術を持った職人だけに頼っていたわけではなく、女性なら誰もが教養として嗜むものでもあった。だから、レースは、本当に国宝のようなレースから、素朴で親しみやすいレースまで、幅広く存在するのである。そして、たとえ国宝のようなレースであったとしても、その作者である職人の名前は、どこにも残されていない。

アントワネットが嫁入りのときに用意してもらったレースには、マリーヌ地方のものも、フランスのものも混在していたようだ。産地によって、技術は異なり、質も異なるから、各地の美しいレースをかき集めたのだろう。そして、王妃になってからは、アントワネットの宮廷衣裳としてのドレスに、原則としてフランス国以外のものはおそらく用いられなかったにちがいない。

〈リボン屋〉

リボン屋は15世紀頃から存在したが、17世紀に絹の紋織物の技術を応用したリボン織機が作られることによって、美しいリボンが生産されるようになっていた。後の章でも述べるが、リボンは17世紀以来、レースなどに比べれば、価格も比較的安価で、色彩も豊かであったために、服飾小物として取り入れやすいものであった。そのため、当時の女性は誰もがさまざまに衣服の装飾として身につけたものである。

リボンを売っていたのはモード商人や小間物商である。フランソワ・ブーシェの174

図15:〈モード商〉、
フランソワ・ブーシェ、1746年

図16-1:リボン見本帳の一部、
1735年頃

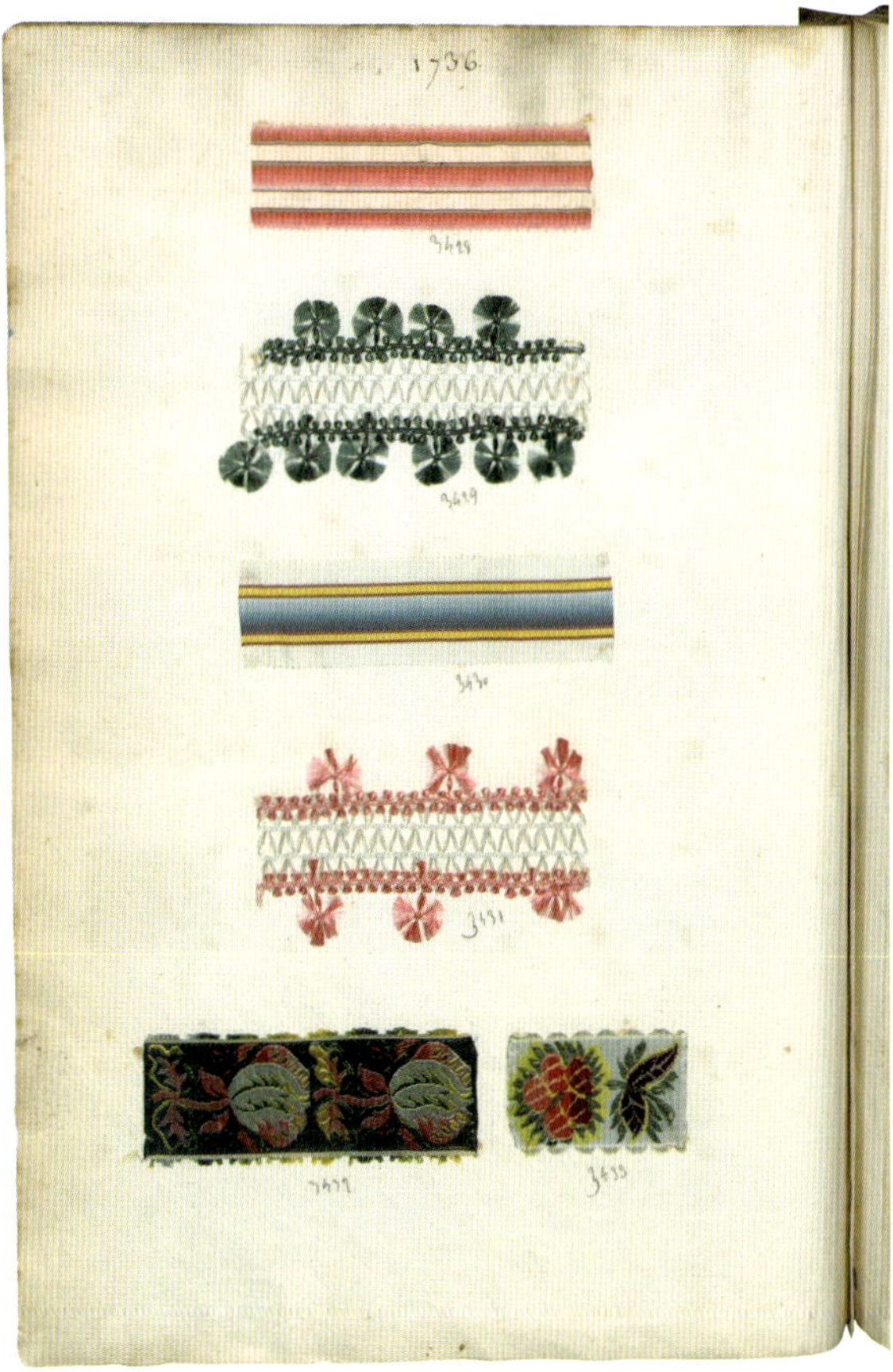

図16−2：リボン見本帳の一部、1736年。
上から2番目と4番目は、端の処理がなされており、
18世紀の衣裳の装飾によく用いられた
フライ・フリンジになっている

6年の作品〈モード商〉(図15)には、リボンを見せてもらって、あれこれと選んでいる貴婦人の様子が描かれている。

18世紀の美しいリボンの実例は、フランス国立図書館が所蔵するリシュリュー・コレクションによって見ることができる(図16－1、16－2)。当時のリボン織機は、絹織物の織機を非常にコンパクトにし、布幅を狭くしたものであったが、やはり手織りではあっても、さまざまに模様も織りだしていたことが興味深い。リシュリュー・コレクションの実例からはそれらの美しいリボンの布片の数々がうかがえる。チェック柄や、リボンの端の処理を工夫して装飾的にしたフライ・フリンジが見られるものや、リボンである以上狭くて小さな空間という制約があるが、そこに緻密な愛らしい小花柄を織り込んでいるものもあり、その技術は絹織物の技術とほとんど変わらない優れたものがあった。

また絹織物のところで述べたジャカール織機の技術は、絹織物のみに応用されたのではなく、ほぼ同時期にその技術を用いたリボン織機も生み出した。リヨンの西隣りに位置するサンテティエンヌは、この織機を用いた19世紀以降、リボン産業が大変発展していくことになった。

〈ボタン屋〉

ボタンも18世紀には職人の手によって作られていた。ボタン屋には、鋳型作り職人と、金属加工職人と、ボタン・組み紐職人の3つの職種があった。文字通り、鋳型作り職人は、ボタンを作るための鋳型を作ることが専門である。金属加工職人は、金属のボタンを専門に作り、ボタン・組み紐職人の場合は、糸を組んだり編んだりして作られているボタンを専門に作っていた。18世紀の美しいボタンは、女性服よりも、男性服のほうに多く見ることができる。これについては、また次の章で述べることにしよう。ボタン屋のボタン製作の過程は、『百科全書』によって図17のように描かれている。

〈扇子職人〉

扇子のルーツはもちろん日本や中国であるが、14世紀頃にポルトガルを介してフランスに入ってきたと言われている。しかし広まったのは17世紀のことであった。18世紀には貴族たちの間でもてはやされ、扇子のエチケットが生まれた。扇子そのものも洗練されていき、扇面には美しい絵が描かれるようになっていた。

扇子はハンカチーフと同じようにいつも手に持っているものだった。そして扇子はその持ち方で意思や感情を伝えることもできた。ロンドンではアカデミーで扇子言葉を教えて

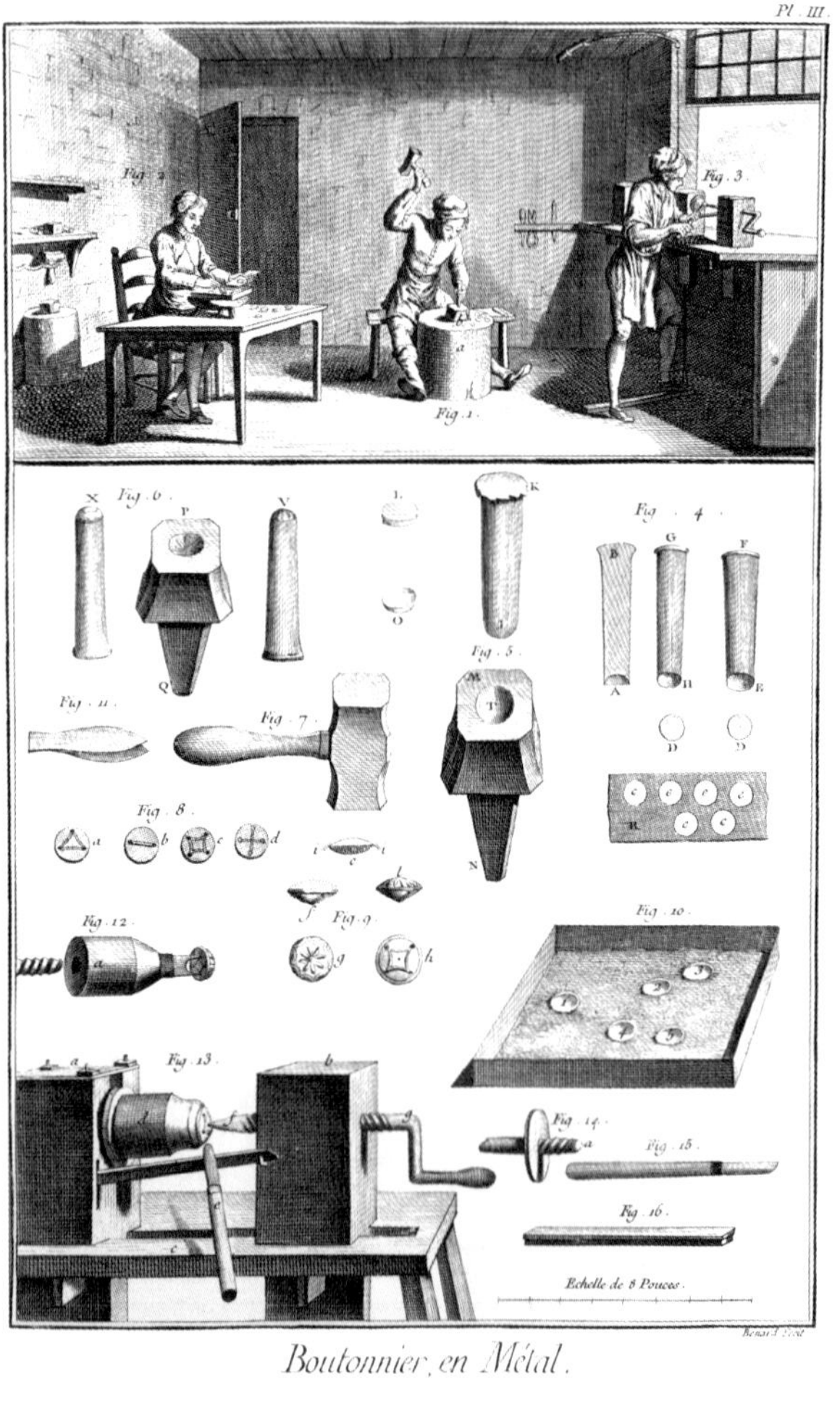

図17：ボタン屋（『百科全書』）

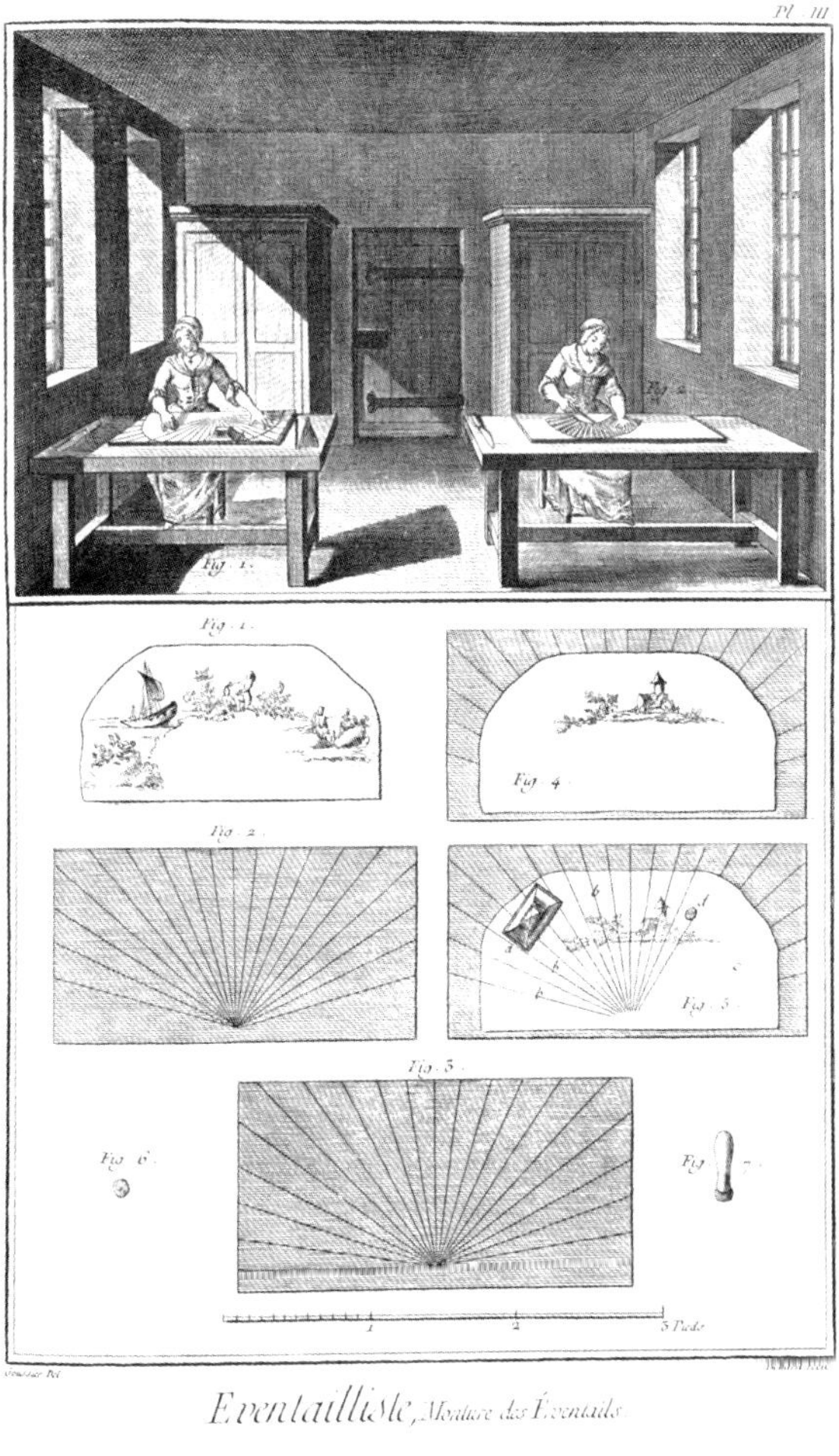

図18−1：扇子職人の作業風景（『百科全書』）

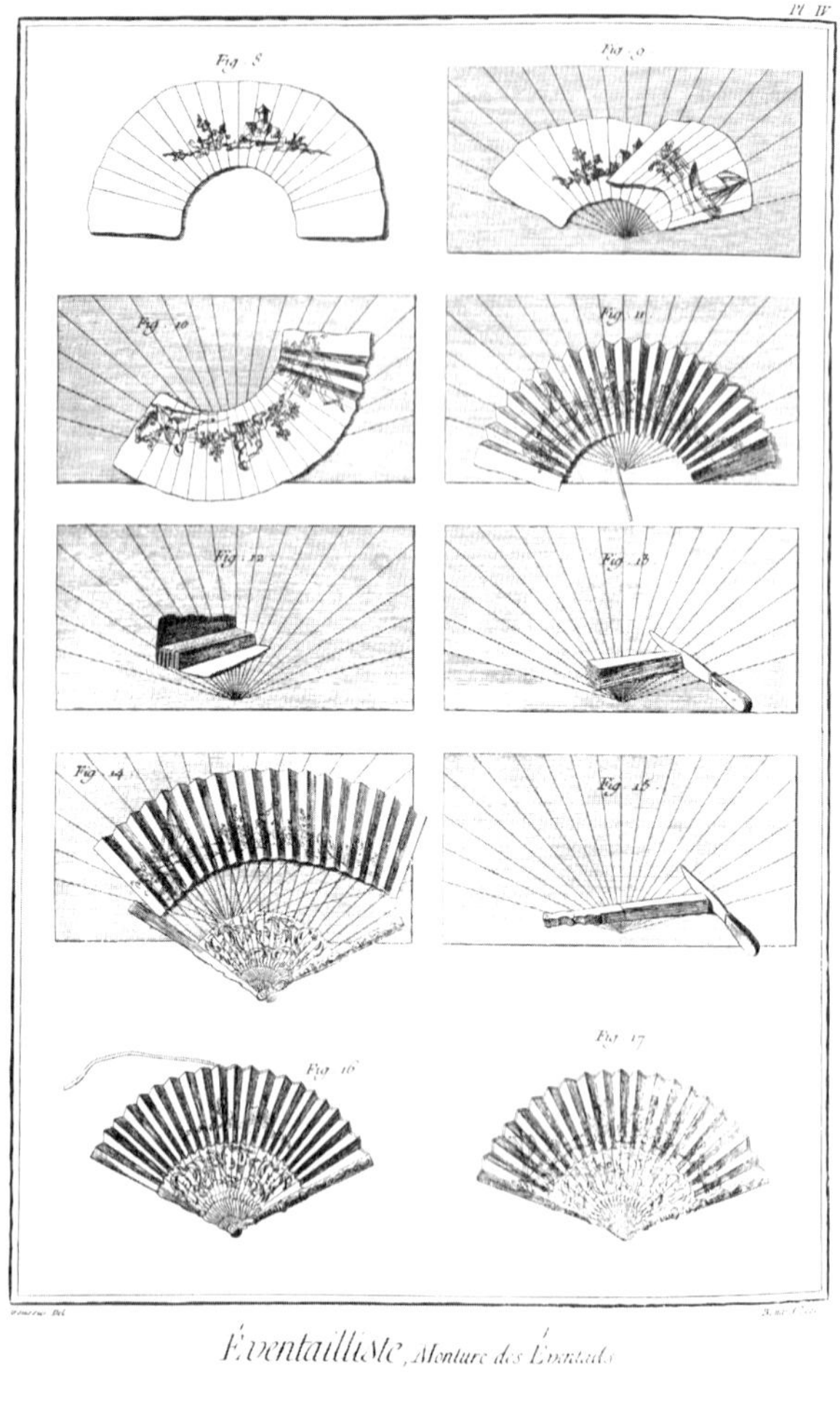

図18−2：扇子づくりの最終工程（『百科全書』）

いたとも言われている。たとえば、宮廷では王家の人々の前で扇子を広げてはいけなかった。彼らに何かを見せたり示したりする場合はその限りではなかったが。つまり、扇子は何かを載せる台の代わりにもなった。また劇場などでは、周りの人から顔を見られずに、演目を見ることができた。というのは、１７５９年頃に、オペラグラスのついた扇子が登場したからである。「のぞき見扇子（peeping fans）」である。[*31]

扇子職人の作業工程は図18－1、18－2の通りである。まず、扇子用の紙を準備する。扇子の形に合わせて切り取っていき、枠にはめて、整える。その後、絵付師が扇面に絵模様を描いていく。その後、扇子のフレームに合わせて折り目をつけ、きれいに弧を描くように内側をカットし、骨組みに合わせて貼り付け、余分な紙をカットし、全体を整える。

〈羽根飾り屋〉

アントワネットはしばしば髪飾りとして羽根飾りを用いていた。貴族女性の髪飾りとして、また男女問わず帽子の飾りとしても、そのほかのこまごまとした衣服の装飾としても、羽根飾りは重要であった。羽根飾り屋の様子は図19－1の通りである。図19－2に描かれているように羽根を使って花束やバラの花やリボン飾り、さらには小鳥まで本物に見まごうほどリアルな装飾が作られ、これらでかぶりものやドレスを飾るのだった。

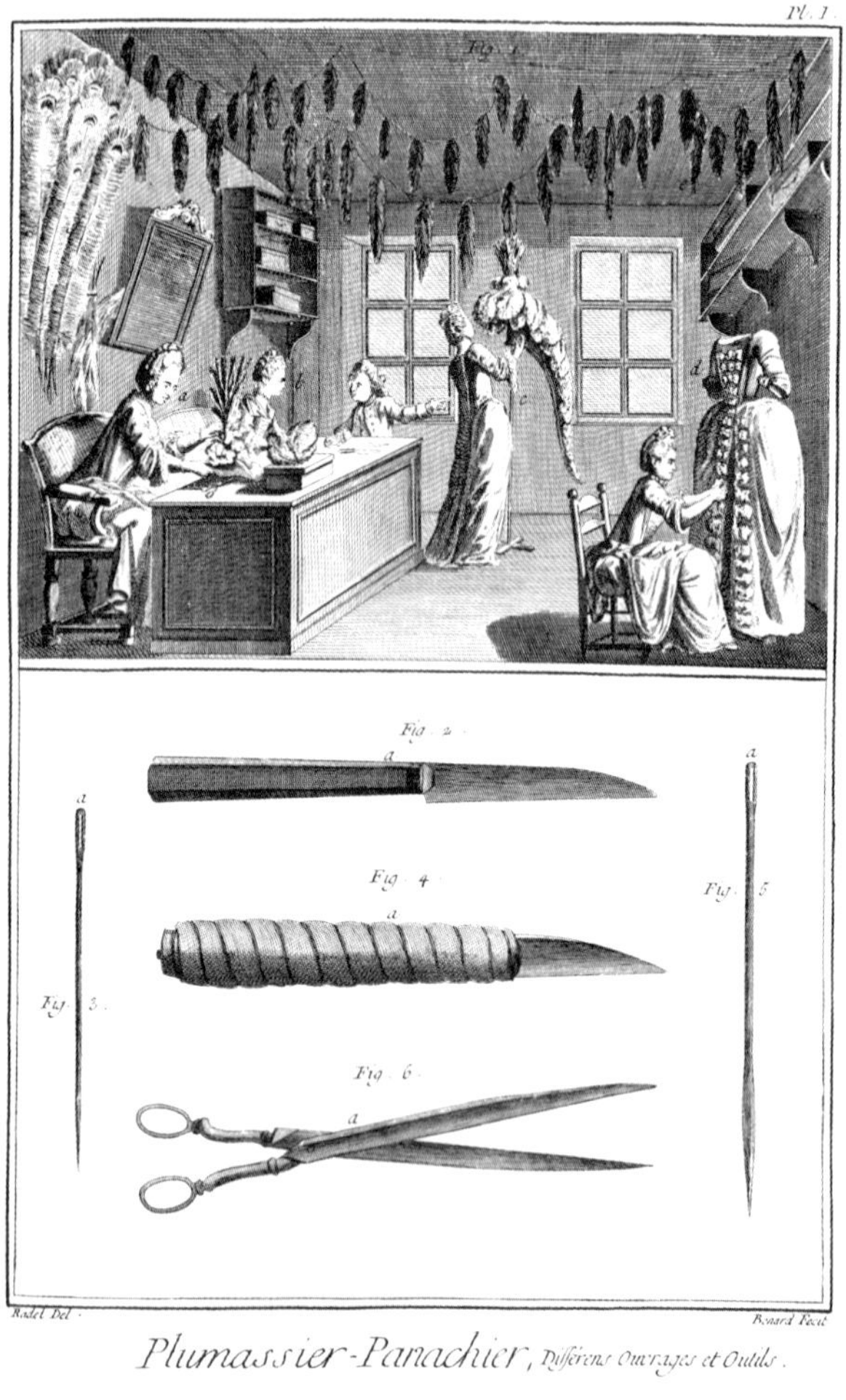

図19−1：羽根飾り屋（プリュマシエ・パナシエ）の
仕事場風景と、道具（『百科全書』）

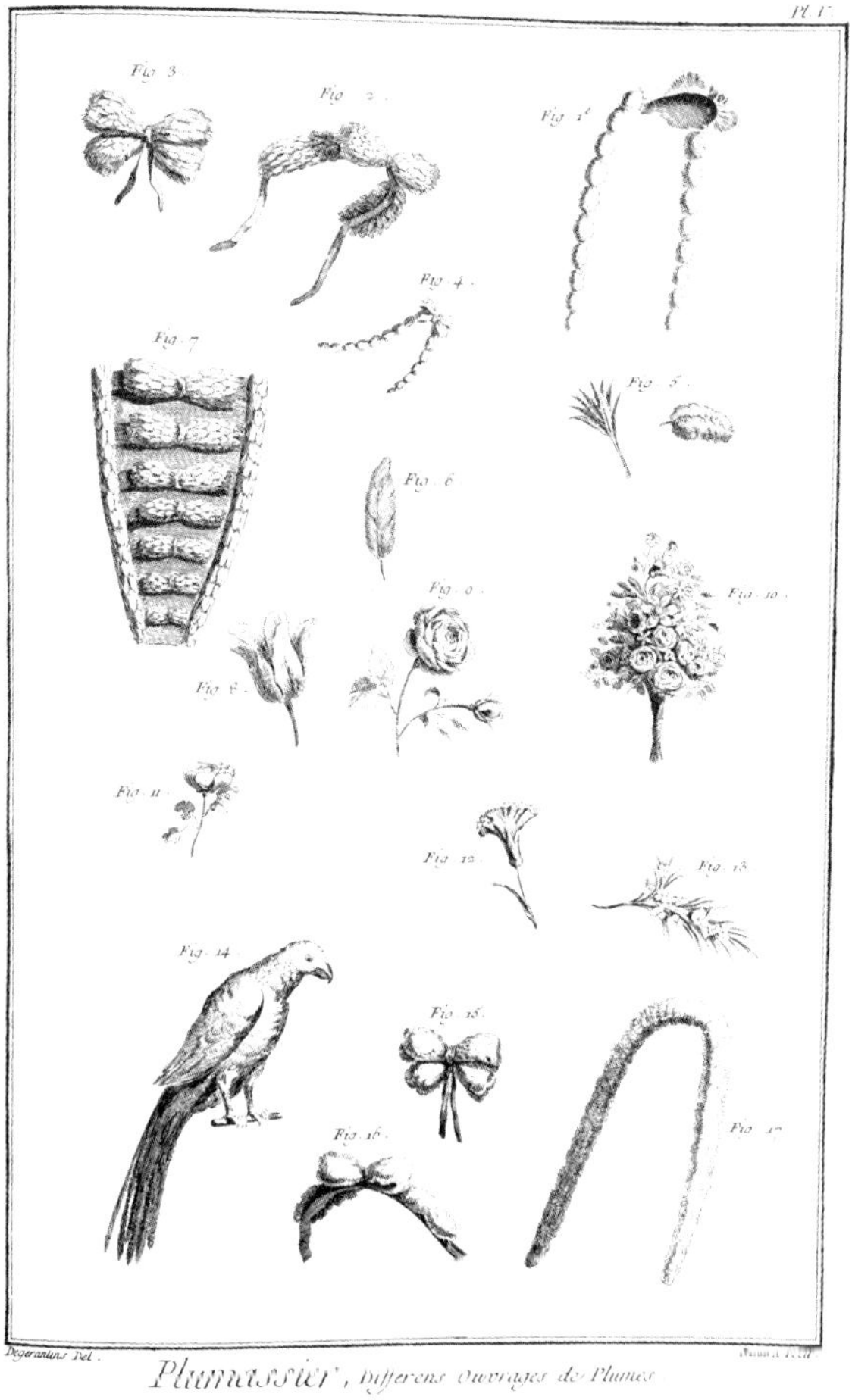

図19−2:さまざまな羽根細工による装飾。
羽根飾り屋(プリュマシエ・パナシエ)の図より(『百科全書』)

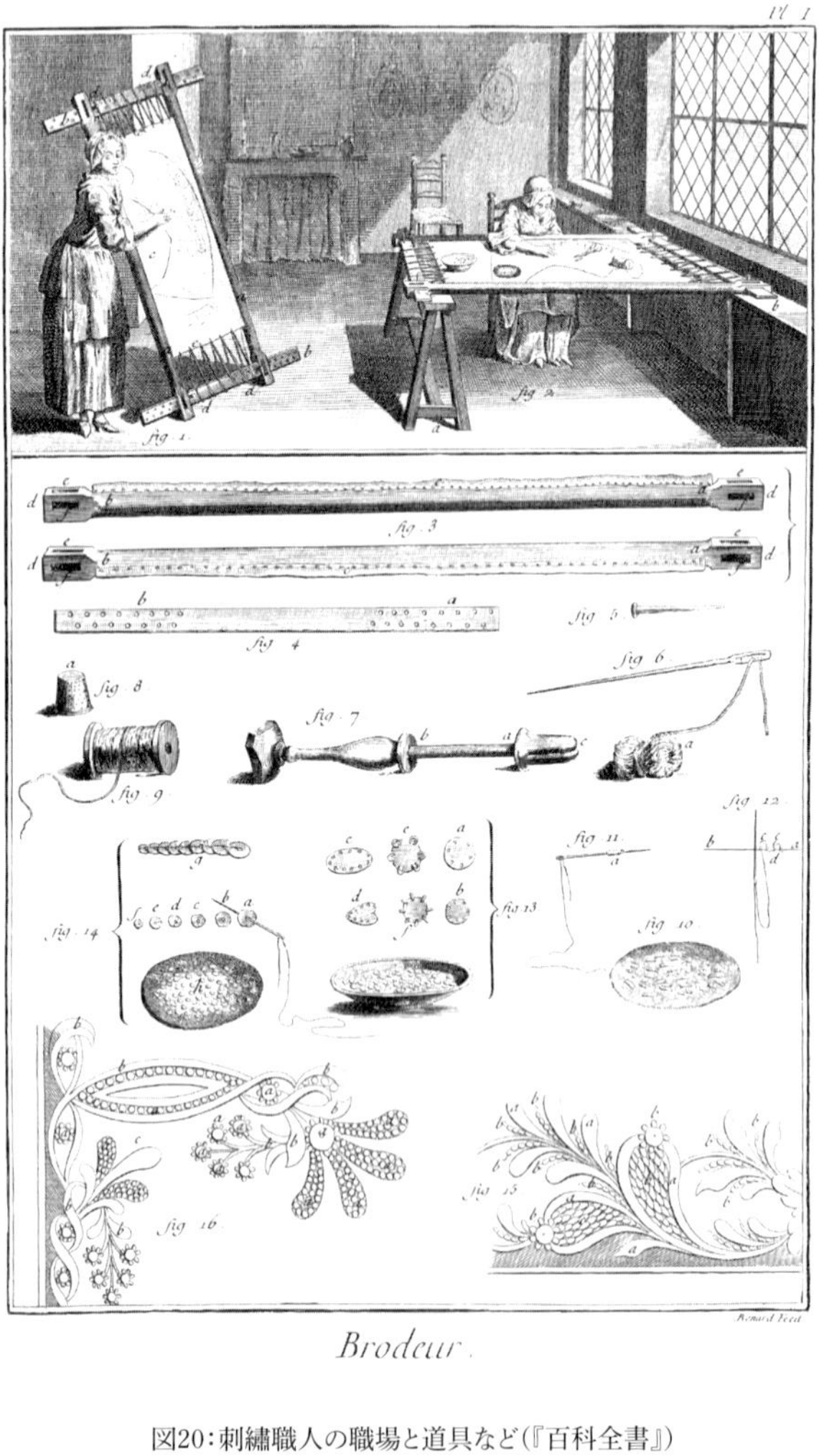

図20：刺繡職人の職場と道具など（『百科全書』）

〈刺繍職人〉

刺繍職人の仕事の風景は図20の通りである。先に述べたように、女性の衣裳は織物だったので、刺繍は用いられることはなかった。刺繍は、もっぱら、男性服に用いられたのである。18世紀宮廷人の身につけたアビやジレには、大変美しい手の込んだ刺繍が施されている。男性服がこの時代ほど美しく華麗であった時代はないと言ってよいだろう。図20の刺繍台に貼られた布には、よく見ると、アビかジレのパターンが薄く印されている。刺繍は、色糸の刺繍糸で行う場合と、スパンコールやビーズを使う場合とがあった。もちろん、それらの混淆もあった。いずれにしても、西洋ではすでに中世末期にはかなり高度な刺繍の技術が見られたが、18世紀のそれは、男性の専有物として消費されていたのである。男性服については、また次の章でも詳しく述べることにしよう。

〈かつら屋〉

18世紀は17世紀に引き続きかつらの時代でもある。17世紀はルイ14世が禿《は》げていたこともあって、王がかつらを着用したことがきっかけで、宮廷人は皆、長髪のかつら（「アロンジュ」または「アン・フォリオ」と言う）を使用するようになった。18世紀もその流れがまだ続いており、男性はかつらをかぶっていた。ただ、ロングタイプのものばかりだった

図21−1：かつら屋の職場のようす（『百科全書』）

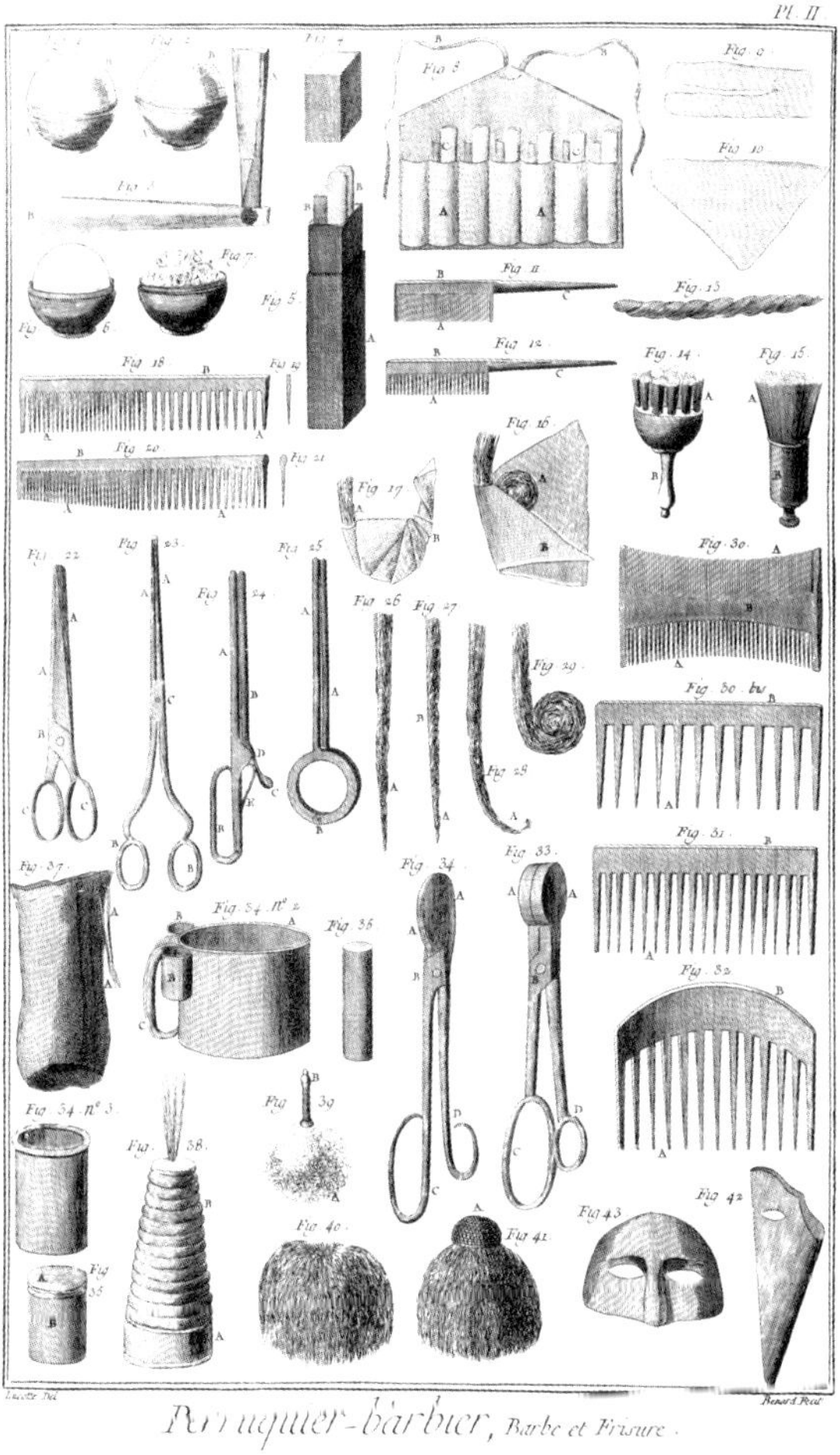

図21−2：かつら屋と理髪師の道具。
右下のマスクのようなものは、髪粉を髪の毛に
ふるうときに、顔を覆って、
粉がつかないようにするためのもの（『百科全書』）

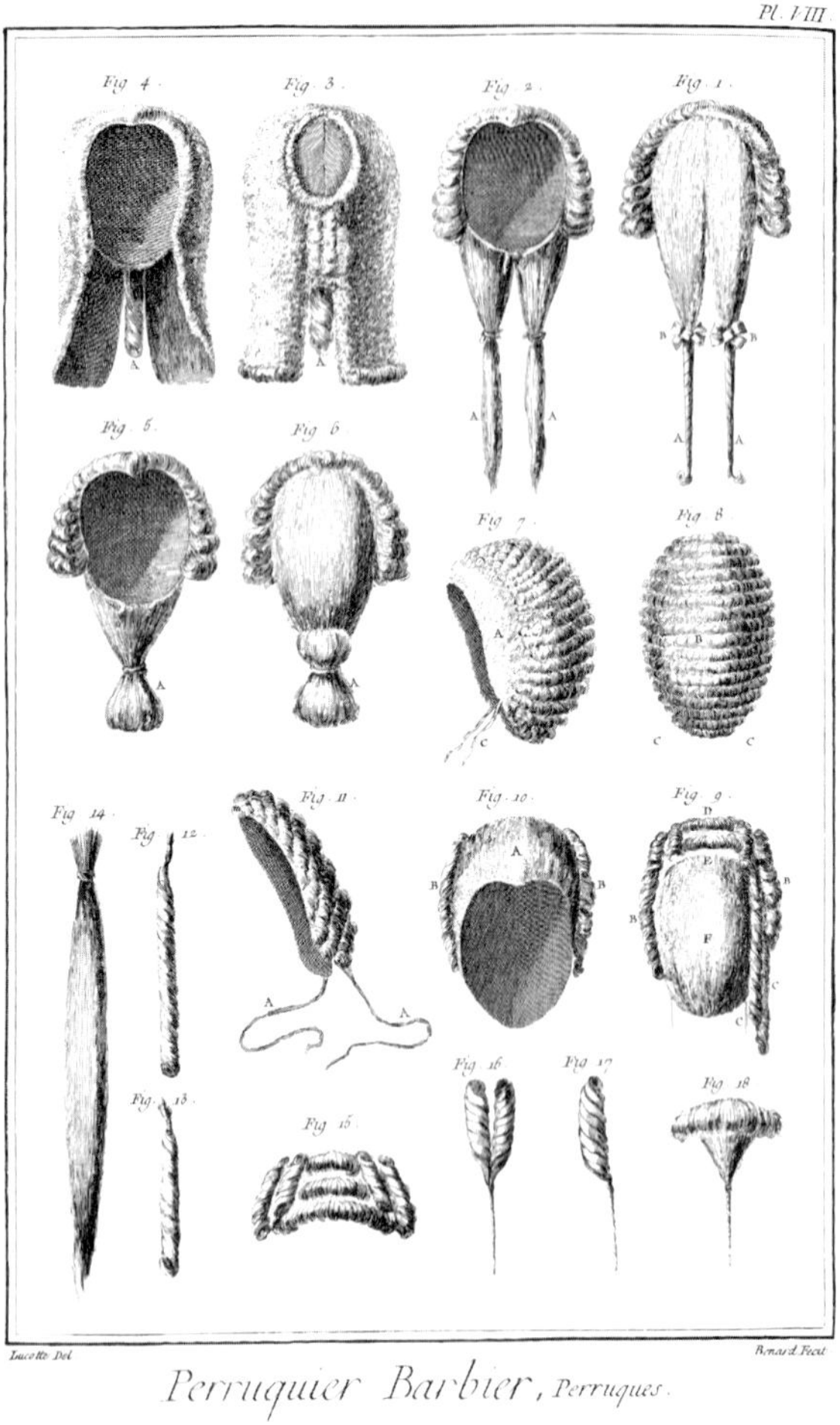

図21–3：さまざまなかつら。
下から2段目の右の二つは、女性用の付け髷（まげ）、（『百科全書』）

17世紀とは異なり、さまざまなタイプのかつらが生まれている。宮廷人は主に銀髪のかつらを好み、かつらをかぶった上に、香りのよい髪粉をふりかけるのがマナーとされていた。18世紀は、自毛だけでなく、その上に髪を盛っていた時代であるから、女性もかつら屋のお世話になっていたと思われる。かつら屋の様子は、図21-1のようになっていて、男性も女性も働いていて、店内はいつも大変にぎわっていたようである。

そして、18世紀のかつら屋には、なんと風呂屋も経営する者が現れた。パリのセーヌ河には、かつら屋兼風呂屋であったポワトゥヴァン（生没年不詳）が1761年に設営した浴場船が浮かんでいた（図22）。これはフランスにおける最初の入浴施設であったが、パリ大学医学部のお墨付きをもらった一種の温水治療施設としての性格を持っていて、しかも、かつら屋が経営していた。入浴料は3リーヴルで、当時の職人の日給が半リーヴルであったことを考えると、贅沢な施設であったと言えるだろう。[*32]

こんな風に、当時のかつら屋は、おしゃれに敏感なフランスのすべての男女にとって、髪型だけでなく、最新の「衛生」にまつわるさまざまな事柄まで、一手に引き受けている存在だったのである。

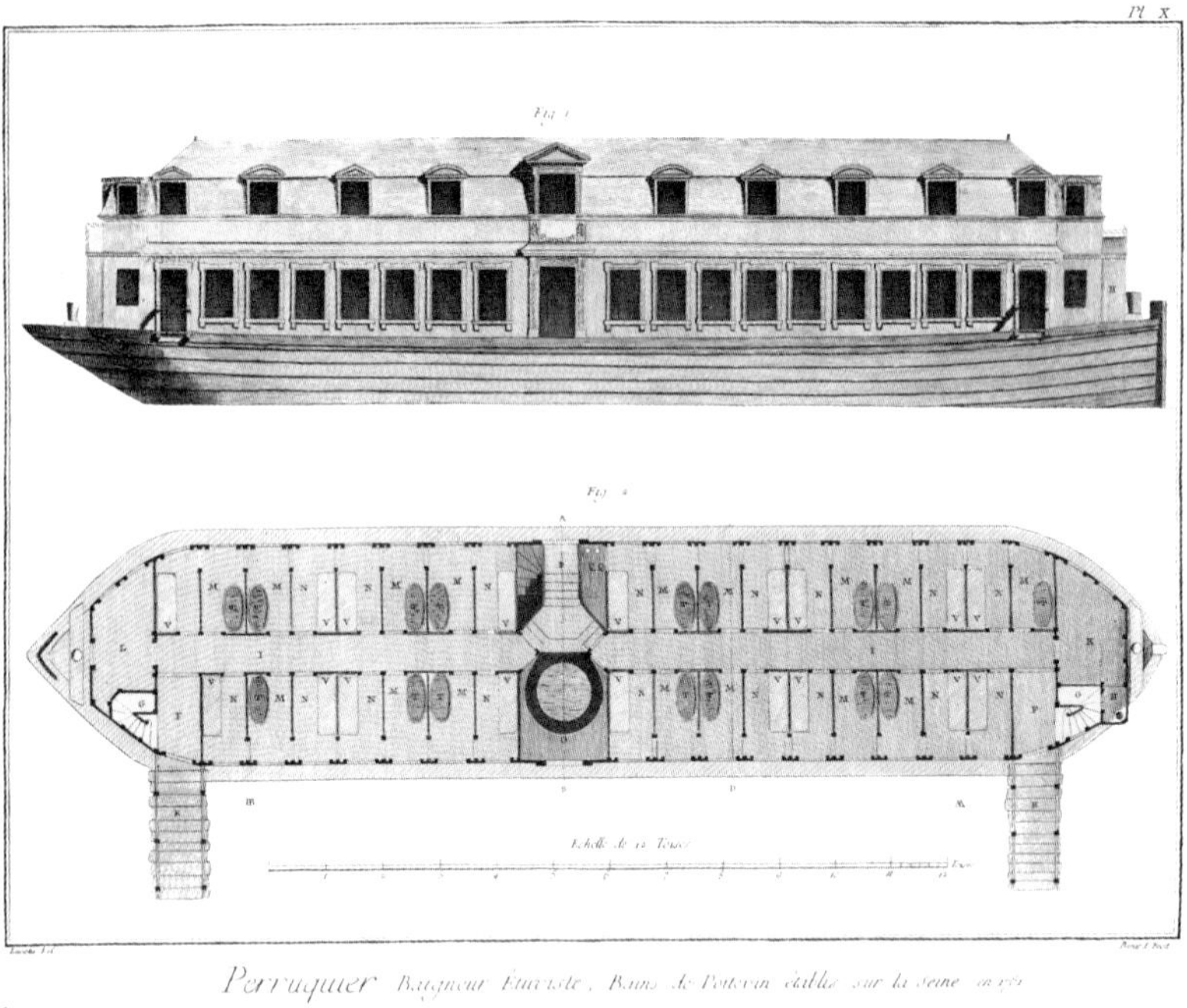

図22：セーヌ川にあったかつら屋兼風呂屋の船のようす。かつら屋ポワトゥヴァンによるもの。下図は断面図で、小さな楕円形のものが風呂（『百科全書』）

髪型

さて、すこし回り道をしてしまったが、あらためてアントワネットの午前の身支度の時間にもどってみることにしよう。衣裳を決めた後は、アントワネットは、髪型のことを考えなければならなかった。髪型も当然、ＴＰＯに応じて変える必要があった。公的な場に出るとき、舞踏会や社交の場、プライヴェート空間においてなど、髪型さえ、場所と時と、そのとき同じ空間を共有する人々のことを考慮して、そしてまた自分の立場を考えて、そのテーマと形を決めた。

もちろん、アントワネットが自分ひとりで髪を結うわけではない。彼女はすくなくともふたりの結髪師をお抱えにしていた。ひとりは、ラルズニュール。アントワネットがお輿入れしたときに、エレガントなフランス流に髪を結ってくれたその人である。彼はアントワネットの公的な場における髪型を担当していた。

もうひとりは、レオナール・オーティエ。彼は、アントワネットの気まぐれで軽薄な心に火をつけるような、奇想天外な髪型を次々に考案した、時代の寵児である。特にこの時

図23:〈オペラに行くフランスの婦人〉画家、版画家不詳、
1770年頃。髪型が巨大過ぎて、
通りを横切ってぶらさがっているランタンに
ひっかかってしまっている様子が描かれている。
男性も高い髪型をしており、背景の建物の窓から
のぞいている女性も、窓枠から
大きくはみ出した大きな髪型をしている

代に流行したのは、いわゆるタワー・シルエットと呼ばれる非常に高さのある髪型であった。タワー・シルエットは、ル・グロという結髪師が考案し、彼の『フランス婦人整髪術』（1768年）ではその結い方のレシピが示されていたために、広範に流行するようになっていった。当時の風刺画はこぞって、これらの奇抜な髪型を茶化している（図23）。

人間の気の遠くなるほど長い歴史においても、これほど髪型が高くそびえたった時代はほかにはない。ヴェルサイユを中心に、常軌を逸したタワー・シルエットの髪型が流行していたことは、ウィーンのマリア・テレジアの耳にもしっかり届いていた。彼女は、1775年3月5日に初めて、この流行にうつつを抜かしている愛娘への、叱責の手紙をしたためた。

ここで私は、多くの新聞が繰り返し取り上げている事柄に触れずにはいられません。それはあなたの髪型のことです。なんでも毛髪の付け根から三六ツォル［1ツォルは約2・5センチメートルなので、90センチメートルほど］もの高さがあるそうではないですか。そのうえさらに羽根やリボンで飾りたてるので、全体はもっと高くなるとか。よろしいですか、流行に従うのは控えめに、けっして度を越してはならない、これが私の持論です。人もうらやむ若く美しい王妃には、このような馬鹿げた髪型などまっ

図24：右上は、「王妃の髪型」と
呼ばれて流行した髪型

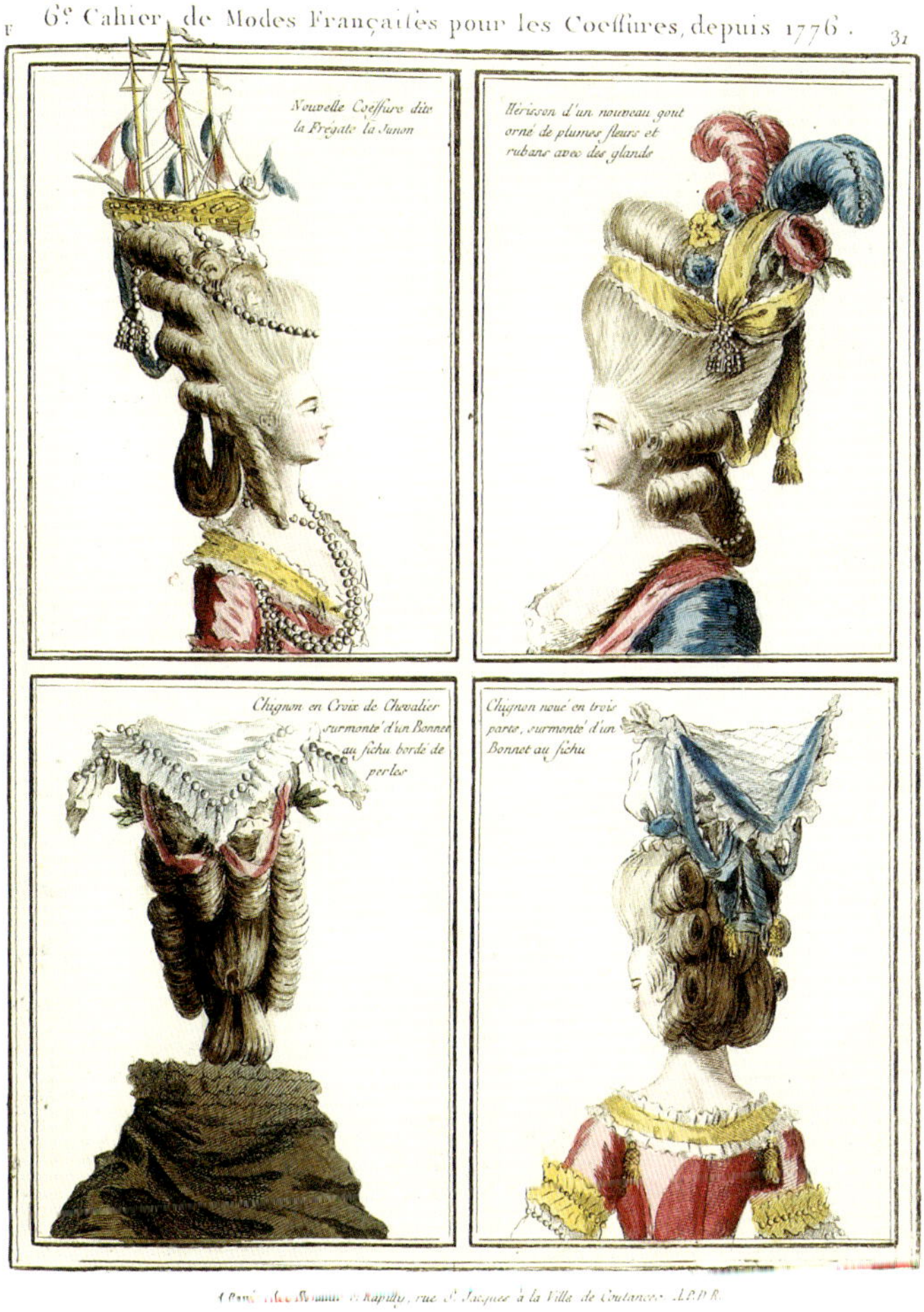

図25：左上は、「フリゲート艦ジュノ風髪型」で、
戦勝記念としてはやった、軍艦を載せた髪型

たく必要ありません。今のあなたがしているのとはまったく逆で、簡素な飾りの方がはるかにあなたを引き立てます。しかもその方が王妃という地位にふさわしいのです。[*33]

このような手紙を受けて、アントワネットは時折、自分の髪型のスケッチを母に送って見せたり、こういう髪型がフランスでは流行っているし、ごく普通の姿なのだと、母をなだめようとすることもあった。もちろん、そんなことで母が安心するはずはなかった。

90センチメートルもの高さの髪型が宮廷中に蔓延していたかどうかはともかく、アントワネットの生んだ流行の中でも、ひときわ目立っているのが、髪型であったのは確かである。当時の最新のモード版画集においても、髪型ばかりが毎号のように取り上げられていたからである。それは、『ギャルリー・デ・モード・エ・コスチューム・フランセ』[*34]（1778—1787）というもので、パリのサン・ジャック通りにあったエスノーとラピイというふたりの版画家の出版社による、初めて彩色を施したモード版画集であった。国王允《いん》許《きょ》を受けており、まだモード雑誌と呼ぶことはできない形態ではあるものの、その先駆けと言ってよい役割を果たしていた。1冊が3葉からなり、6枚の版画が描かれていたが、定期的に刊行されていたわけではなかった。総数では418葉の紙に、436枚ほどの版画が描かれて出版されていたと、ルネ・コラによる『服飾書誌』（1933年）では記されている。[*35]またそのモード版画のほとんどが髪型を描いたものであったこともよく知られている。

当時の大きな髪型は「プーフ」と呼ばれるクッション状のものを頭に載せてその上にさまざまに装飾を施しているものだった。「王妃のモード大臣」と呼ばれたモード商のローズ・ベルタンももともと髪結いの仕事をしており、「プーフ」の上に飾るリボンや羽根飾りなどの装飾も扱っていたから、結髪師レオナール・オーティエとベルタンの合作のような髪型も中には見られた。

髪型には実にさまざまな名前がついていた。そもそも、「王妃の髪型」(図24)なるものもアントワネットのお輿入れと同時に流行していた。そのほかに当時流行したさまざまな髪型の名前を分類すると、「ミネルヴァ」や「フローラ」といった女神の名前がついているものや、「東洋風」「ムーア人風」「フリジア風」「シルカシア風」「イギリス風」のように国や地域の名がついているもの、「クレオパトラ」「アンリ4世」「ヴォルテール」などのように歴史上の人物名がついているもの、「花」「花壇」「花籠」など花にまつわるもの、「はりねずみ」などの動物の名がついているものや、「乳しぼり風」「田舎風」などの田舎を想起させるものなどが見られる。

とりわけこの時代の髪型の面白さを際立たせているのは、形だけではなく、髪型のテーマが時事問題や世相を反映していたことである。たとえば、「世相《シルコンスタンス》風髪型」という名で呼ばれたものが、それに相当する。１７７３年に彗星が出現したときには「彗星風髪型」をレオナールが考案し、モンゴルフィエ兄弟による気球の実験が行われたときには「気球風髪型」が考案された。先述のパニエのように、流行りの芝居や舞台からも髪型のアイデアはどんどん生まれ、グルックのオペラから「イフィゲニア風髪型」が生まれたりした。そしてなによりも、この種の世相反映型髪型でもっとも有名なのは、１７７８年にフランスが宣戦布告したアメリカ独立戦争に関係する軍艦を頭に載せたスタイルである。アントワネットは率先して、「フリゲート艦風髪型」にして頭に軍艦を載せてみせたし、英仏の海戦でフランスの軍艦ベル・プール号が英国艦隊に圧勝したときには、祝勝記念として貴婦人たちは「ベル・プール風髪型」としてやはり軍艦を頭に載せるのが大流行した（図25）。

　また「センチメンタル・プーフ」と呼ばれたものは、なにか心を揺さぶられる対象を頭に載せる髪型であった。たとえば、家族の歴史を物語るような人形（乳児をいだく母親の人形など）を頭の上に載せてみたり、恋愛にまつわるもの（キューピッドなど）を載せてみたり、悲しみに沈んでいるときには石棺や骨壺を頭に載せることさえ、貴婦人たちは厭わなかった。

図26:〈乗馬服の王妃マリー・アントワネット〉
Krantzinger Joseph、18世紀

図27:〈アントワネットのズボン姿〉
ルイス・オーギュスト・ブラン、
1783年

要するに、ありとあらゆる世相やできごと、社会問題、あるいは個人の興味、関心、心情などが、頭の上に表現されたのである。このようなさまざまなテーマを持つ髪型、新奇をてらい自己表現する髪型がヴェルサイユとパリを席巻したのは、後にも先にもこの時代しかない。そして、アントワネットは誰よりも早く、新しくて面白い、誰も見たことのないような髪型（そしてその後の時代にも今のところ現れることのない髪型）を、率先してやってみせたかったのである。

乗馬服

アントワネットは乗馬が好きだった。嗜んでいたというよりは、実はかなり積極的に好きだったと言ってよいようだ。夫のルイが狩りを趣味としていたこともあり、彼のそばにできるだけいようとして、彼が狩りに出るときには自分も馬に乗ってついていくのである、と言い訳めいたことを手紙などには書いているが、どうやらそれだけでなかったように思われる。マリア・テレジアは何度も乗馬をやめるように手紙で叱責していた。なぜなら、アントワネットにとって一番大事な仕事は世継ぎを産むことであり、乗馬などしたら、まともに身ごもることなどできないばかりか、仮に身ごもったとしても流産の危険がある、と真剣に憂慮していたからである。しかも、アントワネットはどうやら、当時の貴婦人たちのように、横乗りに馬に乗る（アマゾネスという名の乗り方）だけではなく、普通に男性のように馬の背にまたがっているときもあったようだ。そんなことはとんでもない、と母は何度もたしなめるのであった。

あなたが私の助言を必要とする事柄に触れなければなりません。それは乗馬についてです。乗馬は十五歳のあなたにはけっして認められない、と私は考えているのですが、それには確かな理由があります。（中略）乗馬は肌の色を台無しにします。それに乗馬を続けているとあなたの腰に好ましからざる影響が出て、もっと太くなってしまいます。また次の点にも触れておかなければなりません。それは、あなたはきっと殿方と同じ乗り方をしているのでしょうが、それは危険なことであり、子どもを授かるのが危うくなる、ということです。あなたにとっては、子どもを授かるのが何よりも大事な使命なのですし、子どもを産むことであなたの幸せはゆるぎないものとなるのです。[*36]

図28:〈ブーローニュの森での出会い〉
ジャン・ミシェル・モロー、
アンリ・グッテンベルグによる版画、1789年。
アマゾネスの乗り方になっている

しかし、またしても母の心配をよそに、アントワネットは馬に乗る姿を複数回、肖像画として描かせている。乗馬服姿の肖像画もある（図26）。乗馬服というのは、女性の装いとしては、いくぶん、男装に近い装いでもあった。というのは、もともと男性がかぶっていたつば広の帽子、当時であれば、トリコルヌと呼ばれた3辺が折れ曲がっている男性の宮廷用の帽子をかぶり、男性物と同様の乗馬用ジャケットを身につけているからである。さらに言うならば、乗馬用のゆったりしたスカートを穿《は》いていたとしても、その下には、落馬したときに恥ずかしくないように、カルソンあるいはキュロットと呼ばれる脚部にぴったりとフィットした通常黒色のズボンも穿いていたからである。

アントワネットは、スカート姿で横乗りになっている自分の絵を描かせただけでなく、あろうことか、スカートの下に穿いていたであろう、カルソン姿で馬にまたがっている自身の絵も描かせているから驚きである（！）（図27）。このぴったりとしたカルソンには、美しく刺繍が施されていて、本人は自分の脚の美しさをアピールしてみたかったのかもしれない。しかし当時の感覚からすれば、女性がこのような脚部を見せるというのは、王妃といえども破廉恥極まりないことであり、アントワネットは大胆なことをやってのけたとしか言いようがない。中世からこのかた西洋においては、美脚はずっと男性の特権だったのだから（ルイ14世の美脚を思い出すとよい）。このような絵は、マリア・テレジアにとっては、もちろん、とんでもない絵であったろうが、新奇なものが好きなアントワネットにしてみれば、得意満面で、自慢の一枚だったのかもしれない。乗馬服が異性装的なものであったことも、逸脱しすぎた姿と母には映り、その姿を気に入らなかった大きな理由のひとつになった可能性も考えられる。

しかしいっぽうで、18世紀の後半にはイギリス趣味の影響で、イギリス人が好んだ乗馬が朝の散歩として行われるようになっていたのも事実である。この場合、女性は横乗り（アマゾネス）になって、ゆっくり歩を進めていただけと思われるが、そういう女性の乗馬姿は当時のファッション・プレートに描かれてもいる（図28）。そして、乗馬服由来の、ルダンゴト（英語で言うならば、ライディング・コート）と言う毛織物の厚手のコートも、イギリス趣味のひとつとして流行るようになっていた。ルダンゴトは主に男性が身につけ、乗馬の際や、悪天候の際に身につけたものだが、実は女性もルダンゴトを身につけることもあった。アントワネットは、やはり流行の先端をいくファッショナブルな王妃だったということだろう。

謁見の宮廷衣裳

グランダビ（その中の一種がローブ・ア・ラ・フランセーズ）と呼ばれる、18世紀貴婦人の身につけた時代を代表する宮廷衣裳は[*37]、ルイ14世の時代には貴婦人が常日頃身につけていたものだが、アントワネットの時代になって、毎日身につけているというわけではなくなった。宮廷の特別な行事や儀礼のときにのみ身につけるものになっていたが、もちろん、時代を代表する、そして貴族の衣裳を代表するドレスであるのは間違いない。宮廷の特別な行事や儀礼とはどのようなものかというと、たとえば、子どもの誕生、子どもの洗礼式、王家の家族の結婚や服喪、謁見などである。あるいは宗教的な意味での特別な行事、たとえば、新年や、復活祭、聖霊降臨祭、聖ルイ勲章を授ける日、万聖節、クリスマスである[*38]。これらの日には、グランダビを身につけた。アントワネットの場合、王妃であるから、特に引き裾《キュー》は長いものでなければならなかった。引き裾の長さは位階に従っていたからである。それでアントワネットの宮廷衣裳の引き裾は、およそ11オーヌ、つまり13メートルほどの長さになっていたという。

謁見、フランス語で言うプレザンタシオンの場は、貴婦人たちにとって、初めて宮廷衣裳であるグランダビを身につける大切な機会になっていた（図29）。すでに述べたようにグランダビは3つのアイテムで構成されていたが、もうすこし詳しく述べると、胸の部分は大きくデコルテで開いており、ピエス・デストマという装飾的な逆三角形の胸当てをつけ、袖は肘のあたりまでの半袖で袖口に何段も重ねられたレースが飾られていた。この袖口の飾りはアンガジャントと言い、グランダビの特徴である。すでに述べたようにレースは大変高価なものであったから、このアンガジャントだけでも一財産というくらいの価値があった。謁見に訪れる貴族の女性は、位階に合わせて引き裾の長さを考える必要があった。

ジュイ更紗《さらさ》の工場創設者であるオーベルカンフの夫人が、1784年に初めてヴェルサイユに出仕し、アントワネットに謁見を許された際には、金のブロケード織りの花模様が散らされた絹織物でできたローブを着用した。このローブを作るために少なくとも23オーヌの布地を使っているとみなされている。当然、大変重かったという。[*39] 非常に重厚なリヨンの絹織物で作られており、アントワネット自身の衣裳目録に見られた布地より、むしろ高級な布地であるようにさえ見える。[*40] つまり、最高位の女性であるアントワネットは軽めのドレスを身につけることができたとしても、謁見に訪れる下位の女性たちは、最上級の

図29:〈王妃宮の貴婦人〉ジャン・ミシェル・モロー、
マルティニによる版画、1789年。
王妃に謁見するために訪れた貴婦人か

敬意を表すという意味でも、できる限り最上級の身なりをしなければならなかったというわけである。

しかし、謁見の際のローブは、通常、黒色だったという説もある。そして、フランス南東部リヨン近郊の貴族ラ・トゥール・ド・パン夫人はそのような慣例に従わず、白いローブを身につけて謁見に臨んだとされており、これはかなり異例のグランダビであったらしい。というのは、実はラ・トゥール・ド・パン夫人は、このとき、喪に服していて、服喪期間が明ける間際に身につける小喪服《プチ・ドゥイユ》である白地のドレスだったのである。それで、全体は白地で、王妃から借りていたダイヤモンドに少しばかりの美しい黒玉《ジェット》のアクセサリーを合わせ、スカート部分には、真珠を銀糸で刺繍しているものを身につけていた。王妃から借りているものを身につけるのは、この上ない光栄なことでもあった。[*41]

グランダビを身につける場は、宮廷におけるもっとも公的でかしこまった場であった。アントワネットはもちろんそれに従っていたが、すでに自由に憧れ始めていた彼女は、次第にこのようなエチケットを、少しずつ崩していく張本人にもなっていったのである。

第三章　恋の舞台は舞踏会——仮面と靴下留め

フェルセンとの初恋

アントワネットと、のちに彼女の愛人となったスウェーデンの名門貴族ハンス・アクセル・フォン・フェルセンが出会ったのは、パリのオペラ座の仮面舞踏会においてだった。1774年1月30日の夜のこととされている。ふたりとも仮面をつけ、フェルセンも、彼女が王太子妃とは最初は気づいていなかった。しかし、数曲踊ったのちには、すでに意気投合し、離れ難い思いをお互いに抱いていたようである。

舞踏会が終わった夜明け、フェルセンは母国へ帰国する。フェルセンは、この仮面舞踏会の夜のことを日記に残し、アントワネットがいろいろと親しげに話しかけてくれたことを書き留めた。ふたりが再会を果たしたのは、この舞踏会から4年の月日がたった1778年8月25日、フェルセンがフランス宮廷にやってきたときのことである。このとき、アントワネットは、懐かしい友人であると、周囲に打ち明け、その後、人目にもわかるような好意を示していくようになった。[*1]たった一度の仮面舞踏会での出会いであったが、もしかすると、そのとき18歳になっていたアントワネットにとって、初恋が芽生えた瞬間であったのかもしれない。

仮面舞踏会では、もちろん、そのほかの誰もかれもがみな男女問わず、仮面をつけて踊っていた。仮面だけでなく、仮装をしている者も大勢いた。17世紀から18世紀にかけて、仮面はヨーロッパ中で大流行していた。だが、日常的に身につけているのは、主に貴婦人で、身分の低い者が身につけることは、防犯上の観点から通常は許されなかった。

18世紀の貴婦人が日常的に身につけた仮面は、多くの場合、おもては黒いビロードか黒いサテン製で、犬の皮か生成りの亜麻布、[*2]あるいは白いサテンで裏打ちされていた。形は大きく分けて2種類あり、ひとつは卵形のもので、額から口元までを隠すものである。これはガラスのボタン状の突起や、真珠、あるいは小さなバネが真ん中についており、それを口、つまり前歯の間に挟んで、固定して身につけた。歴史家アルフレッド・フランクランによれば、この口にくわえる突起のおかげで声色まで変えることができた。[*3]もうひとつは顔の上半分だけ、すなわち目の部分を中心に鼻も隠す形状のものである。半円のお面の形をしているものもあれば、ヴェール状の四角い黒い布だけのものもあり、形はさまざまである。これは両端にリボンがついていて、それで髪に結びつけるか、耳にかけるかして、身につけた。リボンはもちろん、自分の好きな色を選んでつけるものだった。当時は何十色ものさまざまな色のリボンを小間物商から買うことができた（第二章、図15）。この半円状の仮面あるいはヴェール状の布は、Loup《ルー》（狼）、Touret de nez《トゥレ・ド・ネ》（鼻についた回転式研磨機）、Cache-nez《カッシュ・ネ》（鼻隠し）と呼ばれた。そして、布製の仮面は、男性仕立師（tailleur）や飾り紐製造業者（passementier）が製造販売し、その他の、顔の絵が描かれるような厚紙で作られた仮面は、厚紙製造業者（cartonnier）が製造していたという。[*4]

1664年の作者不詳の『アリスティプとアクシアヌの粋な会談』の中に収められた「仮面と手袋の会話」という小話[*5]などの史料によると、このような独特の黒い仮面は、女性たちにとって、次のような7点もの利点があったようだ。①外出時には日焼け防止の効果があったこと。②冬季には防寒にもなったこと。③男性の視線を避けることができたこと。④それと同時に、男性の視線を惹きつけることにもなったこと。⑤美しさを際立たせたこと。⑥身元を隠すことができたこと。⑦高貴な身分の証でもあったこと。以上である。当時の美意識において、女性の肌の白さは特に重視されたものであったが、5番目にある「美しさを際立たせたこと」というのは、当時の黒い仮面が、顔を隠しながらも、全面を覆っているわけではなく、むしろかなり小さいものであったから、顔の輪郭部分や喉元などは露出していたので、かえって黒色との対比で透き通るような肌の白さが際立ったことを意味している。黒いものによって、白さを際立たせ、それを美しいとする感性は、近世にはよく見られることでもあった。仮面を取ったりはずしたりしてみせれば、美しい顔がちらちらと見え隠れして、いっそう蠱惑《こわく》的に映ったことだろう。男性の視線から身を守るものであると同時に、いっそう惹きつけるものでもあるという、アンビバレントな小道具であった。

そして、仮面には作法もあった。貴婦人のみに見られた作法である。つまり、敬意を表すときには仮面をはずす、というマナーであった。身分の高い人の前では仮面をはずさなければならず、聖体の秘蹟、宗教的な行列、葬式、王や女王、王家の血縁である王子たち、立派な身分の人、教皇の使節のような非常に高位の人のいる場所や、これらが通りかかるのに遭遇したときは、馬車に乗っているのであれば、通り過ぎるまで馬車を止めて敬意を表し、女性は仮面をはずすこと、とされていた。*6 さらに、聖体の秘蹟を除いて、可能であれば馬車から降りて、膝をつくように、とも言われている。いっぽう、このような場合、男性であれば、帽子を脱ぐことが求められていた。

仮面舞踏会の最中、アントワネットが仮面をはずすことはなかっただろう。しかし、仮面の奥に、極めて高位の美しい女性の顔が隠れていることは、フェルセンはもちろんのこ

図1:〈仮面舞踏会、1782年1月23日〉
ジャン・ミシェル・モロ、版画、1788年。
1782年1月23日に王太子の誕生を記念して
催された仮面舞踏会の様子。
真ん中にアントワネットとルイ16世がいる。

と、ほかの誰もが気づいていたと思われる。むしろ、気づいていても、多くの人は、王妃に対する礼儀を失することのないよう、気づかぬふりをしていたのだった。

仮面舞踏会《バル・マスケ》

宮廷に参内し、拝謁の栄に浴することのできない一般の人々のために、王は優しい思し召しを示され、カーニバルが行われる冬季には「仮面舞踏会」をしばしば催していた（図1）。特にパリのオペラ座で行われる「仮面舞踏会」はもっともよく知られ、人々が憧れるおしゃれな舞踏会とみなされていた。ルイ15世の治世からルイ16世の治世の間、この習慣は続いた。しかし、オペラ座の仮面舞踏会では、しばしばスキャンダラスな色恋沙汰が起きていたのも事実であった。そのことを、「舞踏会の精神《エスプリ・ド・バル》」と人々は隠語で呼んでいた。多くの場合、このような熱狂的な明るさや媚態《コケットリー》は、いくらかの過ちや後々骨の折れる事態をも招くものでもあった。宮廷の社交界にはさまざまな楽しみが存在していたものの、仮面舞踏会はもっとも「高貴さ」に欠け、「品位」にも欠け、そして、「危険」なものであると、道徳を重んじる人々には常々心配されているものでもあった。[*7]

しかし、そのような仮面舞踏会に、アントワネットはしばしば出かけていた。カンパン夫人の『回想録』には、次のように記されている。

冬の間、王妃は多くの夜をオペラ座の舞踏会で過ごしていた。彼女は宮殿のおつきの侍女を一人だけ連れて、そしていつも王弟殿下とアルトワ伯といっしょであった。彼らは、灰色の毛織物のルダンゴトの下に彼らのお仕着せ姿を隠していた。王妃は決して人に気づかれないと思っていたし、いっしょにいる彼らもそう思っていた。しかし、劇場に入った途端、皆に見破られていたのである。誰もが知らないふりをしつつ、「お忍び」ならではの楽しみを味わってもらおうという仕掛けが、常に舞踏会には備わっていた。

ルイ16世は、一度、王妃といっしょに仮面舞踏会に出向いたことがあった。出かけたのは、王の就寝前の公式接見の時間から側近の者と過ごす就寝までの時間のことであった。王妃は宮殿の秘密の回廊を通って、王のところに赴き、黒いドミノを身につけた侍女をひとり伴っていた。王妃は夫がドミノを身につけるのを手伝い、そうして、宮殿のチャペルのところで待っていた馬車に乗り込んだ。[*8]

カンパン夫人によれば、ルイ16世は仮面舞踏会に初めて行くことになったのだが、あまり楽しめなかったという。仮面舞踏会におなじみの、ピエロやアルルカンが話しかけてくれたことだけが、唯一楽しいと思えたことだった。

さらに、アントワネットの兄のヨーゼフ2世は、このような仮面舞踏会に興じる妹を、真剣に案じて、次のような手紙も送っている。1777年5月29日の手紙である。革命を予告するかのような叱責の語調には、兄のもどかしい気持ちが滲《にじ》み出ている。これほどまでに、アントワネットを愛する身内の者たちにとっては、仮面舞踏会は心配の種にもなっていた。

お忍びで出かけ、自分ではない者のふりをして、どうしようというのです？　見破られていないとか、まるであなたの耳に入ることを予期していなかったかのような言葉を投げかけられるなどとお思いですか？　そうした言葉は、あなたを楽しませ、まるで無邪気に言ったかのように感じさせますが、実のところ、それなりの影響をおよぼすのです。そうした会場自体も、決して褒められた場所ではありません。何を求めておいでなのです？　率直なおしゃべりですか？　仮面に邪魔されて、率直な話などできないでしょう。ダンスだってできません！　それなのに、なぜ冒険をしたり、悪ふざけをしたり、放蕩者や堕落娘、外国人たちと交わったり、彼らの言葉に耳を傾けたり、彼らのような言葉遣いをなさろうとするのです？　何という慎みのなさ！　あなたを愛し、あなたの身の上を案じている人々は、この点に憤慨しているのだと申しあげなければなりません。国王陛下は一晩中ヴェルサイユに置いてきぼり。あなたは社交界で、パリのろくでなしたちとおつき合いというわけです！（中略）私はあなたの身の上を案じずにはいられません。いつまでもこんなことが続くわけがありません。あなたに備えがなければ、革命は冷酷なものとなるでしょう。[*9]

そして、18世紀を研究したゴンクール兄弟は、当時の仮面舞踏会の様子を次のように語っている。

二組のオーケストラが曲を流す間に、扇で指をはじく音、それに混じって衣擦れの音と、女性の口から洩れる「馬鹿なことはおやめになって！」という言葉が聞かれないことは一分たりともない。廊下まで人波がうねり、押し返される。階段席の段の上で、どれほどの逢引の約束が交わされたろう！　どれほど感謝と軽蔑が生まれたろう！　位階も、勲等も、もっとも身分の高い貴婦人たちも、貴婦人気取りで厚紙の仮面の下でうぬぼれるブルジョワ夫人たちも、すべてがごた混ぜに混じりあう。[*10]

つまり、仮面舞踏会には、ある種の無礼講が許され、仮面の匿名性に乗じて、軽率なふるまいが行われている場にもなっていた。それが、危険なことでありながらも、いっぽうでアントワネットにはちょっとした（ちょっとした、で済めばよいのだが）魅力的な冒険として映っていたのだろう。

そうしてアントワネットは、ある夜、いつものように宮殿から「お忍び姿《アンコニト》」（図2）で、馬車に乗り込み、パリへと出発した。しかし、パリの入り口のところで、馬車の車輪が壊れてしまう。そこで、しかたなく辻馬車に乗り込むことになる。アントワネットに同行したリュイヌ公爵夫人たちは、辻馬車の中で、仮面をつけ、必死に黙っていたが、オペラ座に着いたときに、アントワネットは思わずこう言ったという。

「私が辻馬車に乗ってきたなんて、とっても面白いでしょう?」

この一言で、パリ中に、王妃が仮面舞踏会にやってきたことが、辻馬車の一件とともに知られてしまうことになった。[*11]

仮面舞踏会の際には、特別な衣裳を身につける。それが、黒いドミノ、そして黒い仮面である。ドミノは、非常にゆったりとして丈の長いマントで、絹織物でできていた。頭を

図2：サン＝ジャン〈町にお忍び(アンコニト)で行く
上流婦人〉(1689年)。右手に持って口元を隠している
のは、貴婦人が愛用した黒い仮面。
頭から羽織っている黒い上衣はドミノ

図3:〈ドミノを着ている婦人〉デレ画、デュアメル版画、1787年。
色鮮やかな全身を覆うドミノ。
右手に持っているのは仮面

図4:〈舞踏会の衣裳〉ル・クレール原画、デュパンによる版画、1779年。

すっぽり覆うことのできるフードがついていて、体全体、装い全体をすっぽり隠すことができるものだった。男性も女性も仮装をしたくないのであれば、このドミノを身につけて仮面舞踏会に出かけ、「お忍び姿《アンコニト》」で人目につかないようにダンスを踊るのであった。この伝統は19世紀にまで引き継がれ、特に、女性服よりも男性服として、ドミノは残っていったという。[*12]

しかし、18世紀の終わりに近づくと、黒いドミノはしだいに飽きられていき、より華やかな色彩のものへと変化していった（図3）。ゴンクール兄弟の文章をもう一度見てみよう。

世紀末に仮装舞踏会の賑わいが頂点を極めるようになると、茶とか黒とかいう色は、あまりに堅苦しく単調に感じられた。そうなるとシャンデリアやろうそくの明りに映えるのは、白、バラ色、リラのうす紫、亜麻のグレイ、けしの赤、硫黄の黄色、そしてゴーズや造花によって浮き立つ鮮やかで楽しい色調ばかりになる。そして祭の夜々の浮かれ男《フォリー》にとって、前面とフードを白いゴーズのひだ飾りの上から二重のバラの花綱模様《ギルランド》でなぞり、バラ色のリボンで結ばれた黄色のドミノ・マントと、バラ色のタフタの垂れ布のついた、ぴかぴか光る黒い仮面、目をつけた女性を隠すのに、これ以上美しい覆《フード》いはあるまい。*13

いずれにしても、仮面舞踏会は、アントワネットの生きた時代において、もっとも魅力的で、妖しく、スリルに満ちた舞踏会であった。けれど本来であれば、王妃たるもの近づいてはいけなかった。パリ市民の庶民の娯楽として、兄の助言にしたがい、距離をとっておくべきであったろう。しかし、そのときのアントワネットには思いも及ばなかった。

宮中《バル》公式・舞踏会《パレ》

いっぽう、宮廷における正式な場での舞踏会のことを「バル・パレ（夜会服着用の宮中公式舞踏会）」と呼んでいた。宮廷で行われるあらゆる宴の中でもっとも煌びやかなものであり、宮廷人たちは最上級の贅を凝らした衣裳を身につけて集まるものだった。

バル・パレに初めて参列したオーベルカンフ夫人は興奮して、次のように述べている。

王家の人々が入ってくる際、宮廷中の人々が集まりました。そして、夥《おびただ》しい数の宝飾品の輝きと、金糸や銀糸の刺繍の煌びやかさと、布地の豪華さで、それはそれは見事で壮麗な光景でした。今まで見たことも想像したこともないような素晴らしさでした。[*14]

「バル・パレ」における貴婦人たちの服装は次のようである（図4）。まず、非常に大きなパニエをつけた最高級のグランダビを身につける。むき出しの肩には肩章がついており、腕を持ち上げるのもあまり容易ではない。ドレスの裾は長く、大きく広がっている。金糸で刺繍が施された、重量もかなりある豊かな絹織物で、この公式夜会用の衣裳は作られていた。靴は細く、先がとがっており、ヒールは高くなっている。さらに、髪型も、驚くほど高くそびえたち、その上に宝石が煌めいているのが常であった。そして、これらの衣裳を完成させるのは、耳から下がる大きなダイヤモンドのついたイヤリング《ジランドール》である。このような衣裳を身につけて優雅に軽やかに踊るのは、並大抵のことではなかった。[*15]

通常の宮廷における舞踏会では、女性たちは、背部にプリーツの寄っている白いドミノを身につけた。つまり、町に出かけるときに身につける大きなケープのようなものである。これらのドミノであれば、小さなパニエでも大丈夫であった。そして、その袖はアマディと呼ばれ、長くてゆったりとして、小さな垂れのついた形になっていた。

紳士たちはどうだったかというと、素晴らしい装飾のされている上着、アビを身につける。アビの全面には美しい刺繍が施され、肩から斜めに煌びやかな綬《じゅ》を懸け、髪はおろして長いリボンでまとめていた。[*16] そして、革命以前の男性たちは、みな、頭に帽子を載せたまま、ダンスを踊ったものだった。

ダンスを踊る前には、男女のペアになって、美しい挨拶をする必要があった。なぜなら、挨拶の仕方しだいで、社交界の人々を味方につけることができるかどうかが、決まるからであった。当時のダンスの教本には、次のように記されている。

ダンスの前にする挨拶は、いくつかの特別な知識を要する。この挨拶を上手に行うためには、私が与える規則に注意を払うこと。この点は重要である。というのも、どんな集まりであるにせよ、人々は通常、これから踊る人を非常な好奇心を持って見るからである。そこへ上品に現れるならば、たとえ完璧に踊れなくても、あなたは自分に人々の好意を惹きつけることができるだろう。だから上品な挨拶ができるようになることには価値がある。[*17]

ダンスを始めるときには、男性は帽子を使って、女性はドレスの端をもって、作法にかなった挨拶の所作を優雅に行わなければならなかった。そのための身体の動きを、ダンスの教本は図解入りで示しており（図5－1、5－2）、宮中の正式舞踏会に参加できることになったら（いや、それ以前から）、そのふるまいの仕方を、しっかりと練習して自分の体に覚えこませて、当たり前のように自然に美しく流れるように行わなければ、恥をかくことになるのだった。

もちろん、アントワネットは、こういうふるまいは、ウィーンにいた頃から、ダンスの巨匠としてすでに知られていたフランス人のジャン＝ジョルジュ・ノヴェールからしっかり習っている。アントワネットとルイの結婚式の際にも、ヴェルサイユでは盛大にバル・パレは催された。もちろん、ふたりとも、幼い様子ではあったかもしれないが、完璧にこなしたはずである。

バル・パレはもっとも宮廷のエチケットが試される場であった。だから、実際に参加する人にとっては、堅苦しく感じる部分もあり、楽しいものとは言い難かった。

王妃の舞踏会

このようなバル・パレよりも、個人の館で催される、より親密な空間での舞踏会のほうが、実際には人気があった。とりわけ人気の高かった舞踏会は、ランバル公妃の屋敷における舞踏会であったらしい。食事もダンスも集まる人々も、親しげで楽しい会であったとオーベルカンフ夫人は証言している。

アントワネットも、非公式の小さな舞踏会を主催していた。これもランバル公妃の会に劣らず、大変評判が良かった。母のマリア・テレジアも、この「王妃の舞踏会」のことを褒めていたものである。１７７１年１月６日の手紙の中では「あなたがご自分のところで舞踏会をなさっているということを伺い、さぞかし殿下もお喜びであろうと、とてもうれしく思いました[*18]」と記している。

アントワネットはそもそも、ルイ16世から任されて、ヴェルサイユの宮廷劇場のプログラムをすべて取り仕切っていた。劇場のプログラムは、週に2回開催し、１回はフランスの役者、１回はイタリアの役者が呼ばれて芝居を上演し、かつてのルイ14世の時代を彷彿とさせるような豪勢な舞踏会も同時に行うものであった[*19]。

なかでも、王妃がプライヴェートに主催する舞踏会は、冬のカーニバル期間の間にほぼ毎日行っていたようである。アントワネットは、１７７３年１月13日付けの母への手紙の中で、次のように説明していた。

メルシーにお願いして、月曜日の私の舞踏会にストアモンド卿を招待してもらうことにいたしました。じつは今日が最初の舞踏会の日で、ノワイユ伯爵夫人のところで行なわれます。舞踏会はこれから灰の水曜日まで続きますが、昨年のように四旬節が始まるころには疲れ果てているということがないよう、今年は毎日の開始の時刻を一、二時間繰り下げることになっています。謝肉祭の楽しい催しはあれこれありますが、私は大切な竪琴の練習を怠ったことはなく、聴いた者は上達したと言ってくれます。*[20]

バル・パレに比べれば、王妃の舞踏会はいくぶんくつろいだ雰囲気のものであった。衣裳はエレガントでありながら、簡素なものでもあった。男性たちは、盛装のアビを身につけ、羽根飾りのついた帽子を頭に載せて、踊っていた。エゼック伯爵によれば、多くの紳士たちが、黒玉のジェット刺繡を施された黒いアビを身につけ、その美しい刺繡が室内の明かりの光を反射して美しく映えていたという。*[21] そして、王が退室すると、さらに宴のエチケットはゆるやかになったが、しかし、舞踏会の雰囲気は変わらず、高貴で優美なものであった。

これらとは別に、子どもたちの舞踏会もパリには存在していた。これは、夕方5時に始まり、10時には終わる。子どもたち以外には、結婚したばかりの若い夫婦も招かれるもの

だった。彼らは自分たちだけで社交界には来ることができないし、夜の集いを持つことも
なかったからである。

ドレスに覆われた靴

舞踏会でダンスを踊る際、体の動きの中で重要なのは、足の動き、つまりステップであった。上で述べたように、ダンスの前には、優雅で流れるように美しい挨拶をしなければならなかったが、その際にも、足の動きが肝要で、『ダンスの教師』（１７２５年）の作者、ピエール・ラモーは、その点を注意深く書き記している。ラモーによれば、この挨拶の仕方は次のようである（図５－１、５－２）。

この動きは（ダンスを踊る）騎士と姫君ふたりのためのものである。彼らは決まり通りにポーズをとって立つ。姫君は右側に、殿方は左側に、ひとつの線上に隣り合って立つ。騎士は姫君の手を支える。その際、男性の手を下にし、姫君の手を上にすること。姫君の右腕は体のわきに伸ばし、親指でドレスの端を持つ。というのは、腕が外

側に向いているからである。手は、ドレスで覆われているように見せること。

この立ち姿のまま、男性は、右足を自分のわきのほうに移動させていき、右足の先端を見せながら図の5［実際の図には8と書かれている］の場所までまっすぐ伸ばしていく。そして、次に、姫君は自分の左足を同様に図の9のところにまで持っていき、これが第2のポジションになる。

ここに見せる2枚の絵（図5－1、5－2）はこの挨拶の形を説明するものである。男性は、足の先を第2のポジションに持っていき、上体はまっすぐにしたまま、同時に挨拶をするために、上体を前に曲げる。それはすでに私が述べている「後ろへの挨拶」と同じ要領である。しかし、この挨拶をする際には、決して姫君の手を離してはいけない。彼女の手を常に感じているように。これから詳細に説明しよう。

上体は完全に右足（注：左足）（図の10）の上に保ち、左足はそこから図の11へ離れる準備ができている。しかし、お辞儀の姿勢から上体を起こそうとし始めたところから、かかとを持ち上げ始めている左足を、同時に摺り足にして右足の後ろに持っていく。すこしだけ第3のポジションになり、図の12で示しているように、右足の後ろに足を配置して終える。そして、上体を垂直に戻すのである。*22

62

Homme et Femme prest a faire la premier Reverence avant de Dancer

図5−1:〈ダンスを踊る前にする最初の挨拶のポーズをとる男女〉ピエール・ラモーによる版画

63

Homme et Femme faisant la Reverence pour Dancer

図5−2:〈ダンスを踊る前にする挨拶の第2のポーズをする男女〉ピエール・ラモーによる版画

なかなか複雑で、文字を追っているだけではわかりにくいが、ラモーは精いっぱい丁寧にわかりやすく図解と解説をしているのである。つまり、このダンスの最初の挨拶の仕方からもわかるように、重要なのは、足の動きであった。そして、その足の動きと上体の動きのコンビネーションを流れるように行う必要があった。そもそも、ラモーのダンスの教本で最初に解説されているのは、5種類の立ち方についてであり、それは現在のクラシック・バレエにおいても行われている、5つの足のポジションのことである。つまり、当時のダンスにおいて、踊り手の足の動きは注目されていたと考えられ、そうなると必然的に、靴にも注目が集まったものと思われる。

ダンスのときの靴は、かかとの高いsoulier《スリエ》あるいはescarpin《エスカルパン》という革靴が用いられていた。これは男性も女性も同じである。そもそも、ルイ14世の治世において、ルイ太陽王自身が大変な腕前のダンサーとして知られていたが、彼が好んだダンス用の靴は、いわゆる宮廷用のかかとの赤いハイヒールであった。通称ルイヒールとも呼ばれた、宮廷人のみが履ける美しい靴である。ルイ14世はダンスのための靴を、より上手く踊れるようにいろいろと工夫していたと言われている。

18世紀を通じて、靴の形はあまり変わらなかった。その先端は、丸みを帯びているか、とがっており、あるいは、上向きに先端が持ち上がっていることもあったが、四角く角ば

図6:〈ぶらんこ〉ジャン＝オノレ・フラゴナール、1767年

図7:絹地で刺繡のある女性の靴、
1750年頃から1785年頃。
サイズは22.8cm。ヒールの高さは5.7cm

っていることはなかった。18世紀を通して、おしゃれな女性たちには主に2種類の靴が好まれていたようである。ひとつは、室内履きとして用いられていたミュール〈かかとの高いスリッパのような靴〉、もうひとつは盛装のときに必ず履く高いヒールの靴、先述のスリエである。

かかとの高いミュールは、甲の部分が、白革か、ビロード、あるいは絹でできており、多くの場合、刺繡が施されていた。画家のボードゥワンや、モロー、モーリス・カンタン・ド・ラ・トゥールやブーシェなどの女性の室内の様子を描いた風俗画に、愛らしいミュールを履いた女性を多く見ることができる。ジャン＝オノレ・フラゴナールの〈ぶらんこ〉（図6）において、ブランコを漕ぐ当世風の女性が、軽やかに遠くへミュールを飛ばしており、それを、茂みに隠れている愛人らしき男が眺めている様子が描かれているのはよく知られている通りである。ミュールは、18世紀に生まれた履き物で、プライヴェートな空間におけるくつろいだ生活を好んだ、当時の新しい生活習慣をしのばせる履き物でもある。

いっぽう、盛装のときに履かれたうっとりするような麗しいハイヒールの靴、スリエは、白革に繊細な刺繡が施されたものか、身につけているドレスと共布の高級な絹織物でできており、多くの場合、装いに応じて付け替えることのできる銀などの貴金属のバックルがついているものだった（図７）。彫金が施され、宝石もちりばめられた煌びやかな銀のバックルは、宝石箱に収められて大事に保管されたものでもあった。ヒールの部分にも、宝石がちりばめられることもあったという。

このような美しい女性の靴は、18世紀の間に、かかとがずいぶんと高くなり、ヒールが描く曲線も極限に達するようになっていった。そこで、１７８６年頃には、女性たちが自分の脚で歩くには、体の均衡がとりづらくなってしまったために、貴婦人たちの散歩姿には、ステッキが不可欠になったとも言われている（図８）。

しかし、散歩用の靴ではなく、それ自体が装飾品でもあった美麗な靴の場合、外出の際には、靴そのものを汚れから守るための、靴の上に履く外履き（オーバーシューズ）をも必要とした。この外履きのことをパタンと呼ぶ（図９−１）。パタンには、両側に革の垂れがついていて、美しい靴を覆って留められ、さらにパタンの靴底にはちょうどいい具合に溝ができていて、そこに靴のヒールを収めることができた。[*23] その形状が、東洋の下駄のような履き物にも似通っていたために、フランス中部にあるロマンの国際靴博物館の説明では、パタンには、東洋趣味が見受けられるとされている。

ただし、パタンを着装したとしても、これもまた、歩くための実用性があったかというと、その点は、よくわからない。要するに、身分の高い美しい人々は、あまり歩かなくて

図8:〈ポロネーズ・ア・ドゥー・ファン〉デレ原画、
デュパンによる版画、1779年。
ステッキをもった女性の散歩姿。俗にトルコ風と呼ばれていたイギリス風の帽子。ステッキには、青いリボンが巻かれている

図9−1:オーバーシューズ(パタン)、
18世紀後期、ヨーロッパ。
美しい靴を汚さないために、このパタンを靴の上に履く

図9−2.パタンの装着図

もよかった、ということである。移動の際には、馬車に乗るか、短い距離ならば、椅子の形をした御輿で移動するのが常であった。とはいえ、ダンスは踊るのだけれども……。

殿方の衣裳

すでに述べたように、舞踏会に集う殿方の衣裳も、貴婦人たちに劣らず、美しく色鮮やかで華やかなものだった。後の19世紀における社交界とは、この点が大きく異なるところである。19世紀には、男性はみな、ダンディスムの黒服と決まっていたからだ。しかし、18世紀にはそのような禁欲的な姿ではなく、明るく伸びやかに、煌びやかに、男性も装っていた。

男性の上着は、アビ、あるいはアビ・ア・ラ・フランセーズと呼ばれた。内側に着ているのはジレである。18世紀の男性服は、アビとジレと脚衣のキュロットの3点セットと決まっていた。

アビとジレの特徴は、なんといっても美しい刺繍である（図10）。衣服の身頃や袖口だけでなく、ボタンまでくるみボタンで刺繍が施されていた。もちろん、これらはすべて手刺繡であった。熟練の刺繡工房において、アビとジレは仕立てられる前に、まず刺繡で一針一針丁寧に刺されて美しい模様が描かれるものだった。
そのようなアビとジレの刺繡図案帳が、リヨンの織物美術館には残されている。水彩で美しい絵模様がアビかジレの前身頃に合わせて図案化されており、その美しさには目を見張るものがある（図11－1、11－2）。しかし、これらの美しいジレやボタンのことを、やや皮肉を交えて描写する同時代人の証言もある。その批評の仕方は、女性の巨大な髪型をからかい、風刺したのとほぼ同じような調子であるから、なんとも興味深い。

男性たちは数年前は、容赦なく私たちの「センチメンタル・プーフ」をからかったものでした。それなのに、今は私たちがお返しに、「テーマを持つボタンやジレ」のことを取り上げるしまつです。彼らのモードはすっかり常軌を逸したものに堕落してしまいました。6リーヴルのエキュ金貨のように大きなボタンには、空想の肖像画や、動物、田園風景、自然史のオブジェなどが描かれています。別のボタンは、カメオ細工で、古代の彫像や、12体ものシーザーの胸像が描かれていることもあります。さらに、オウィディウスの『転身物語』が描かれ、厚顔無恥な者により、厚かましくも、それらのボタンの上に、30ものアレタン[*24]の図柄までともなっているのです。あまりあ

図10：男性用スーツ（アビ・ア・ラ・フランセーズ）、
1770年頃、フランス

図11–1：男性用ジレの刺繍用図案。
18世紀末、リヨン

図11–2：男性用ジレの刺繍用図案。18世紀末、リヨン。
下部には、舟遊びをする人々が描かれ、飾りポケットのふた部分には、
恋人たちがベンチに座って語らっている様子が描かれている

からさまではないはずの恋愛《ギャラントリー》でさえ、空想的な若者たちに、彼らの恋人たちの人数の数字を金の線状細工にして身につけさせてしまいます。同じようなことはほかにもあります。つまり、それぞれのボタン上に描かれた文字をつなげると、恋のお相手の貴婦人の名前になり、さらに彼らの思いの丈は、胸の上にしっかり記されているという具合です。ついに、私たちの時代のおしゃれな若者たちは、外国人の好奇心をくすぐる移動美術館と同じようになってしまいました。モードが理性さえも圧倒してしまうのは驚くばかりです。「テーマを持つジレ」は、さらにグロテスクな見世物ぶりを呈しています。すべての男性のおなかが、ラ・フォンテーヌの『寓話』や、『フィガロの結婚』のさまざまな場面、『リチャード獅子心王』や、『恋でいかれた女』で覆われています。膨らんだおなかの上には、ブドウの収穫や、隊列をなした騎士たちの連隊や、こまごまとした用具一式をともなった狩りの様子や、そのほか千を超えるさまざまな生活のエピソードが、買い手の好みに応じて描かれているのです。ド・ラ・レニエール氏は、もっと変わったことをする他の誰かに負けたくなかったので、わざわざリヨンにやってきて、ジレの前面に、コメディー・フランセーズの一覧表をすべて描いてほしいと頼みました。このコレクションが新しい流行《エポック》を作るだろう、と思ったのでしょう。*25

ここに記されているように、ありとあらゆる主題を持った模様の刺繍がアビ、ジレ、そしてボタンにまでも施されていた。ボタンの文字は、時には恋する女性のイニシャルや名前そのものを示していることさえあった。文学的な教養さえうかがえる模様も刺繍で描かれた。これらは、同時代人からはこのように揶揄されることもあったようであるが、現代の私たちから見て、うらやましくなるほどに、美しくファンタジックな紳士服である。

恋心を語るリボン

恋は舞踏会で生まれた。18世紀は、恋が、秘め事が、社交界の中心にある時代であった。そんな時代に、恋を語る服飾があるといったら、驚かれるだろうか。しかし、そのようなものが明らかに存在していた。上で見たように、紳士の上着であるアビやジレ、そしてボタンもそれに近いものがあるが、とりわけ、リボンは恋には不可欠であった。あまり知られていないが、その歴史は古い。

リボンと恋愛感情の結びつきは、中世の騎士道文化にまでさかのぼることができる。中世においてリボンはファヴール（faveur）という名で呼ばれることがあった。ただし、そう呼ばれたのは、リボンだけではない。リボンや手袋、袖、留め金やショールなどが該当し、貴婦人が身につけていた服飾で、騎士たちに贈られる服飾小物がすべてそのように呼称された。ファヴールの語には、「愛の保証」という意味があるが、服飾のファヴールは、騎士たちの行う馬上槍《やり》試合の際に、貴婦人たちが恋人である騎士にそれを贈り、彼らを勇気づけるために用いられた品々であった。中世の騎士たちは、貴婦人から贈られた「愛の保証」としての服飾小物を、兜《かぶと》や甲冑《かっちゅう》などのどこか目立つところにくりつけて、愛する人のために戦いに臨んだという。[*26] たとえば、1760年頃に刊行されたサント・パレイ（1697―1781）の『昔の騎士道についての回想』では、次のように中世のファヴールについて説明されている。

ファヴールは肩掛けであり、ヴェールであり、かぶりものであり、袖であり、スカーフであり、ブレスレットであり、リボンの結び飾りであり、留め金でもある∴要するに、貴婦人の衣服や装飾から解き放つことのできるものである。（中略）ひいきにされている騎士は、それで、兜や槍や楯や甲冑の先端や、甲冑や衣服の他の部分を飾りたてる。[*27]

そして意中の騎士にファヴールを贈って勇気づけることは、馬上槍試合の開始前だけではなく、試合中にも行われたらしい。１４６０年の文学作品『ペルスフォレスト』では、騎士にありとあらゆるものを投げ与えた貴婦人たちが、馬上槍試合の終了後に、すっかり裸同然になってしまったという話を伝えている。[*28] 貴婦人が騎士のために衣服の一部を解き放ち、戦う騎士に投げ与える様子は、見世物としても観衆を大いに沸かせるものであったに違いない。

馬上槍試合が事実上すでに過去のものとなり、それが宮廷の祝宴の中でおそらくは演劇化し儀式化されていく近世においても、このファヴールは存在していた。それは宮廷の祝宴の中で継承されてきたとも、貴族たちの一連の過去の時代への憧憬の中で復活したとも、考えられるだろう。ただし17世紀のファヴールは、決して馬上槍試合という特定の場に限定されたものではなく、貴婦人からの小さな贈り物がすべてファヴールと呼ばれたと考えられる。たとえば当時のフュルチエールの辞書では「貴婦人から贈られる小さなプレゼントをファヴールと言う」と定義し、その例としてリボンをあげている。[*29] そしておそらく、男女が集まる場、すなわち社交界を中心にして、心情的には馬上槍試合の状況を模倣しながら、ファヴールのやりとりが行われていた。

17世紀には同様に、恋人同士の間でやりとりされるリボンのことを、男性の女性に対する礼儀作法の表現でもあったギャラントリーを表現するのにもっともふさわしいとして、「ギャラン」という名でも呼ぶようになっていた。「ギャラン」とは、当時「恋人」を意味する言葉でもあった。

実は、17世紀には、リボンを贈ることが恋文を贈ることと等しいものと思われていた。サロン文化華やかなりし当時において、もっとも人気の高かったランブイエ侯爵夫人のサロンに出入りをしていた、ヴォワチュールという名の詩人の書簡を見てみよう。人気者のヴォワチュールは、ランブイエ侯爵夫人の娘ジュリー に恋をしていた。そして、1635年のある日、彼女に12本のイギリス製のリボン（ギャラン）といっしょに次のような手紙を送っているのである。

お嬢さん、慎み深いことは恋人の重要な性質のひとつなのですから、あなたに12本のリボンを贈った以上、私はあなたにすべきことを気前良く行うつもりです。とてもたくさんのリボンを受け取ることを心配しないでください。あなたは今までひとつも受け取ろうとしなかったのですから。……嘘ではなく、お嬢さん、地球上にあなたを越えるものは何もないのです。そして、あなたの精神に触れた人は誰でも、世の中のいちばん高い地位にいることを自負できるでしょう。慎み深いところを見せなければならない者にしては、たくさんお話してしまいました。しかし、どうか考えてみてください。12本のリボン《ギャラン》に対して一通の恋文が、行き過ぎのものではないということを……[30]。

つまり、リボンを贈ることが、まるで愛の告白そのもののように思われていたことがわかるだろう。リボンは、恋文と同様の意味を持ち、ときには言葉よりも雄弁に愛を語ることができたのである。

時代が下った18世紀においても、恋心に結びついたリボンの扱いをみとめることができる。たとえば、アントワネットが生きた時代の芝居で、当時良きにつけ悪しきにつけ大評判になったボーマルシェ（1732—1799）の『フィガロの結婚』のいくつかのシーンである。第1幕第7場で、小姓のシェリュバンが、憧れの伯爵夫人の「夜のリボン」を、女主人公のシュザンヌから奪い取ってしまう、という場面がある。

シュザンヌ　（からかって）残念ね、これは幸せなお帽子と運のいいおリボン、あの美しい名付けの母の髪を夜な夜な包んでさしあげる……。

シェリュバン　（飛びついて）あのかたの夜のリボン！　ねえきみ、ぼくにおくれよ。

シュザンヌ　（リボンを引っこめて）ええ、とんでもない。「ねえきみ」だなんていけ図々しいわね。これが取るに足らないガキでなかったら……。（シェリュバンはリボンをもぎ取る）あ、そのリボン！（中略）

シェリュバン　（逃げ回る）おっとどっこい、こいつばかりは命にかけても渡さないぞ。代わりにあげた恋の歌だけじゃ不足だというのなら、ぼくのキスを足してやってもいいぜ。[*31]

このように、シェリュバンはリボンをシュザンヌから強引に奪い取ったうえに、「命にかけても渡さないぞ」と強い口調で言い返しながら逃げ回る。そして、お返しには、恋の歌やキスを引き合いにしているように、リボンは、恋の歌やキスに転化、代替できるものになっている。

ただの子どものいたずらにしては、シェリュバンのリボンに対する執着心は強すぎるだろう。シェリュバンが奪い取った伯爵夫人のリボンは、劇中何度も繰り返し現れた。特に第6場においては、早熟なシェリュバンは、このリボンを怪我を負った腕に巻いて登場しており、第9場ではリボンを巻くと傷が治るというニュアンスで語られている場面もある。シェリュバンがここまで伯爵夫人のリボンに執着するのは、リボンが恋人からの贈り物であったり、騎士への「愛の保証」（つまりファヴール）であったリボンの歴史的背景があるからにほかならないだろう。そして、17世紀以来、恋人の好きな色のリボンを男性が身につける文化が存在していたからこそ、シェリュバンはリボンを腕に巻いたのだろう。小さなリボンの意味について、ボーマルシェは特に解説はしていないが、同時代の観客は、男女のリボンのやりとりの機微について、おそらく理解していたろう。

リボンは、恋人たちの恋愛感情を物語る情景に、なくてはならない小物であった。中世に端を発するリボンの表象、そして17世紀にギャラントリーとして流行したリボンをめぐる心象風景が、18世紀にも明らかに生き続けていた。

リボンとつけぼくろ——恋にまつわる言葉遊び

社交界の中ではさまざまな遊びが行われた。また実際に「遊び」の形をとらなくても、当時の社交界には常にある種の遊戯性、しかも恋愛遊戯の雰囲気が満ちていた。それは服飾にも現れた。リボンとつけぼくろはその好例である。リボンとつけぼくろは、どちらも身につける場所によって名前がさまざまに変わり、それぞれが意味を持っていた。それはまるで社交界の中にだけ通用する無邪気な約束ごとのようであり、この名前のつけ方と使われ方にも、恋愛への関心を見てとれるのである。

つけぼくろとは、黒いビロードや黒いタフタを適当な形に切って、乳香を使って、素肌に直接貼り付けたものであった。もともとは歯痛の際に、頬につけた黒い膏薬《こうやく》だったとか、吹き出物につけた薬が始まりだったなどと言われており、それがしだいに肌の白さを強調するものとして、おしゃれのために、女性も男性も顔につけるようになったのである。

つけぼくろをつける場所は、「目のそば」「こめかみの上」「口の上」「鼻の横」「額の上」「頬の上」「あごの上」であった。これらの全てに名前がついていた。目のそばにつけるのは「情熱《ラ・パッショネ》」と呼ばれ、口のそばのものは「色好み《ラ・ベズーズ》」であり、唇の上は「媚態《ラ・コケット》」、鼻の上は「厚かましい人《レフロンテ》」、額の上のつけぼくろは「厳格《ラ・マジェスチューズ》」、頬の真ん中は「恋人《ラ・ギャラント》」、頬のえくぼの上は「快活《ランジュエ》」、あごの上は「無口《ラ・シランシューズ》」、というように呼ばれている。[*32] また当時もっとも人気があったのは丸い形のつけぼくろであったが、それは異性を魅了するのに非常に役立ったらしい。そこで「悩殺《ラササン》」と呼ばれた。

さらにつけぼくろには名前がついているだけでなく、その大きさや形によって用途が異なっていた。

長いつけぼくろは舞踏会でもっとも頻繁につけるべきである。なぜなら、長いものは目立つし、燭台の光にいっそう映えるから。とりわけ大きいものと、とりわけ幅の広いものは、正真正銘の宮廷のつけぼくろである。これは遠くから見なければならないようなところでもよくわかる。私たちはさらに別のものにも注目している。それは非常に小さくて素晴らしく艶っぽいつけぼくろであり、つまりサロン用《リュエル》のつけぼくろである。*33

このように、つけぼくろにもＴＰＯがあったわけである。舞踏会用のつけぼくろは燭台の光に映えるように長いものが好まれた。遠くからでもよく見えるように、宮廷では最大級のつけぼくろをつけた。そして貴婦人のサロンでは小さくて色っぽいつけぼくろが似つかわしかった。このようなことはあまりにも些細なことではあるが、社交界に集まる人々にとってはきちんと心得ておかなければならない約束ごとであったと思われる。約束ごととは言え、そこには社交人たちの遊び心《エスプリ》がたっぷりと盛られていた。

このつけぼくろと同様のことが女性の身につけたリボン飾りにも見られた。１６３２年にアルシャンジュ・リポーという司祭は、彼の著書の中で「淫らさのしるし」であるとして、女性のリボン飾りを告発している。その理由は、リボンに以下のような名前がつけられたからであった。

ひとつは「かわいい娘《ミニヨン》」と呼ばれ、胸の上につける。「かわいい娘《ミニヨン》」のすぐ上のほうにつけるのは、「お気に入り《ファヴォリ》」という名で、頭の上にある3番目のは、「恋人《ギャラン》」と言う。胸の上の10粒ほどの真珠や麝香《じゃこう》やダイヤモンドの首飾りにつけて、身を飾りたて、自慢気にしているのは、「私の悩殺者《アササン》」と呼ばれるものである。（中略）扇子に下げているリボン結びも忘れてはならない。これは「冗談《バダン》」という名である。[*34]

扇子のリボン以外は、どれも恋愛に関係のあるような、男性を誘惑するような名前がついている。リポー司祭が非難したのはその点にあるのだろう。しかしこのようなリボンを身につけている社交界の女性の側からすれば、それはちょっとした遊び、まさにエスプリにすぎなかった。

このように、顔の上の小さな黒い点であるつけぼくろと、身を飾るリボンには、ひとつひとつ名前がつけられていた。その名前の大半に男女の恋愛に関係するような言葉が選ばれていた。どのようなメッセージのものを身につけるのか、宮廷人はいつも楽しく頭を悩ませていたのだろう。つけぼくろやリボンによって、軽妙な、言葉ではない意思表示もできたのかもしれない。服飾によるしゃれた意味解き遊びであった。

剣に結ばれたリボン

リボンは男女の間でやりとりされていた。その様子は、たとえば、ジャン・フランソワ・ド・トロワによる〈騎士の剣にリボンを結ぶ貴婦人〉（1734年）（図12）に見ることができる。親しい間柄にある貴族の男女が描かれており、女性がかいがいしく剣の柄の部分に、彼女の着ているドレスおよびかぶりものに飾っているリボンと同色の、淡い紅色のリボンで結び飾りを作ってあげている様子である。前方には、リボンなど服飾小物を売り歩いていた、小間物商あるいはモード商人も描かれている。美術史家クリストフ・ルリボーは、このモード商人のことについては解説しているが、貴婦人と騎士の関係については特に解説していない。*35

この絵画におけるリボンは、17世紀の男女の恋愛模様を語るギャラントリーの残像のようである。もちろん、中世騎士道文化の残像でもある。

たとえば、17世紀の許されぬ恋愛を描いたラファイエット夫人の『クレーヴの奥方』には、リボンの印象的なシーンが見られるが、その様子をこの絵は彷彿《ほうふつ》とさせる。クレーヴ夫人を恋い慕う若きヌムール公は、馬上槍試合の場で、彼女が身につけることはないけれど好きだと言っていた色、つまり黄色のリボンを、人目にはわからないように身につけ、戦いに臨んでいた。つまり、ほかの誰にも気づかれずに、クレーヴ夫人にのみ、自分の思いが伝わるようにその色を選んでいた。それからしばらくたったある日、今度は、クレーヴ夫人が、ひとりでその同じ色のリボンをステッキに結んで、思いにふけっていた。

彼女はひとりきりだった。一目見るなり、彼はその比類ない美しさに打たれて、激昂のあまり、気も顚倒《てんとう》しそうだった。（中略）［彼女は］床にやすんでいたが、自分の前に置いてある卓には、リボンの入っている籠が幾個も並べてあって、彼女はその中から幾本かを選り分けている。よく見れば、それはヌムール公が野試合の時につけたのと同じ色だった。彼女はそれでステッキに結び玉をつくっているところだった。（中略）この時、ヌムール公がどう感じたかを表現することなど到底できまい。この夜ふけに、この世とも思われない美しい場所で、自分の愛している人を、こっそり偸《ぬす》み見するとは、しかも、その人が、自分の秘めている恋とゆかり深いものを、今こうして夢中で眺めているとは、世の如何《いか》なる恋人といえども、かつて味わったことも、想像したこともなかったであろう。[*36]

馬上槍試合の後しばらくたって、ヌムール公は夜更けにこっそりクレーヴ夫人の姿を一目見ようと、彼女の邸宅まで忍んでいった。そこでヌムール公が目にしたのは、クレーヴ夫人が自分のことを思いながら、リボンを飽かず眺め、ステッキに結び目を作っている姿であった。つまり、リボンを通じて、彼女の恋する気持ちが表現され、それを日にするヌムール公は、彼女が自分のことを思っていることを、リボンを通じて理解するという美しいシーンである。

男女の思いを運ぶリボンは、恋人たちの情景を描く18世紀の風俗画において、絵画として表現しようとする恋愛遊戯の世界を演出するための、極めて格好の小道具であった。トロワの描くリボンは、中世のファヴールや17世紀のギャランの系譜にある、剣のリボンにほかならない。

図12:〈騎士の剣にリボンを結ぶ貴婦人〉
ド・トロワ、1734年

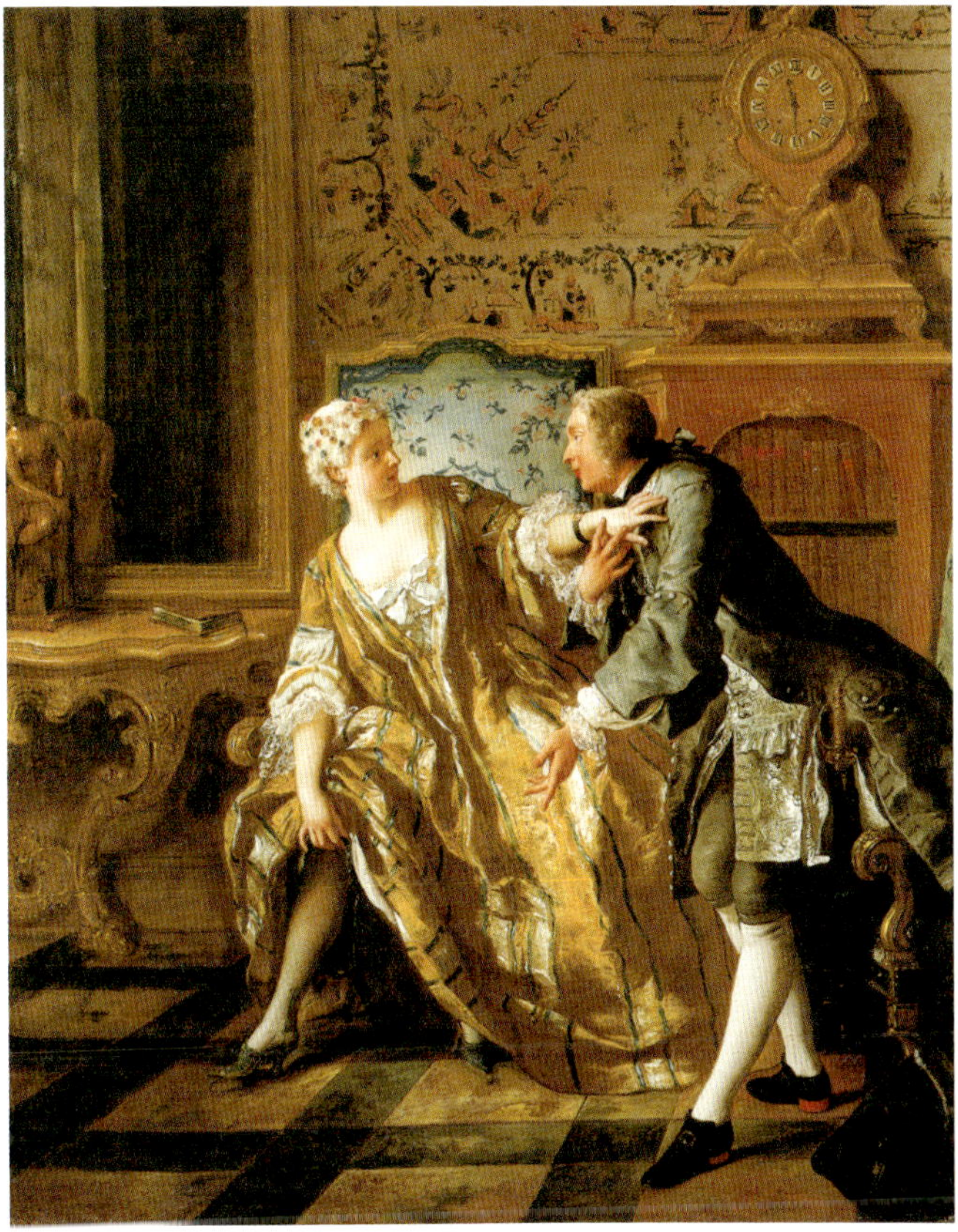

図13:〈ほどけた靴下留め〉ド・トロワ、
1724年

もう1枚、ジャン・フランソワ・ド・トロワの1724年の作品〈ほどけた靴下留め〉（図13）を見てみよう。恋人同士かと思われる男女が、女性がまくりあげたスカートの内側にある靴下留め、すなわちリボンをめぐって、なにかやりとりをしている。この絵の情景について、複数の美術史家が、男性がほどけた靴下留めを結ぶ手伝いをしようとし、それを女性が固辞している様子が描かれたものとしている。[*37]

しかし、以上のような男女のリボンのやりとりを思い描くと、ド・トロワの〈ほどけた靴下留め〉の絵は、男性が女性の靴下留めであるリボンをわがものにしたいと思っていて（つまりシェリュバンがリボンを奪ったように）、それを女性が拒否している場面という解釈もなりたつのではないかと思われてくる。

ド・トロワの絵やブーシェの絵に見るように、18世紀の靴下留めは、多くの場合、リボン状の形をしていた。リボンは仮面に結ばれたり、髪に結ばれたりしたものであったが、同様に、女性のドレスの下の、外からは通常目にすることのできない、秘められた場所にもつけられるものであった。

以上のように、靴下留め、つまりリボンには、18世紀の男女の愛のやりとりを読み取ることができる。そして、そのようなことが明白にうかがえる実物史料も、実は現存している。図14は、南フランスの香水の町グラースにある、「プロヴァンスの衣裳と装身具美術館」に所蔵されている、18世紀の〈結婚用の靴下留め〉である。結婚式のときにこのような靴下留めをつけるものだったのだろうか。妻から夫に渡されたものであろうか。あるいは、夫から妻へ渡されたものだろうか。そこには、次のような文言が、左右のリボンにそれぞれ刺繍されていた。

「気に入る」だけでは物足りない。
愛してくださらなければ……[*38]

フランスの18世紀は、仮面舞踏会やさまざまな舞踏会で、男女の愛が生まれては消えた時代であった。恋愛の駆け引きや、恋愛遊戯と、恋に夢中になった時代であった。マリー・アントワネットは、そんな時代に生きていた。そして、それは、リボンや靴下留めのような小さな服飾品にも、男女の秘めたる感情のやりとりの痕跡を、認めることができる時代でもあった。

図14：18世紀の結婚式の絹リボンの靴下留め。
上の靴下留めに「Il ne suffit pas de plaire.」、
下の靴下留めに「 Il faut aussi aimer.」と記されている

第四章

田舎暮らしへの憧れ

——モスリンのドレスと麦わら帽子

「王妃のシュミーズ・ドレス《シュミーズ・ア・ラ・レーヌ》」

王妃マリー・アントワネットは派手好きで、浪費家で、贅沢三昧に暮らしていた、というのが一般的なアントワネットのイメージであり、だからこそ、フランス革命で革命派の市民たちから槍玉にあげられ捕らえられ処刑されたのだ、という理解が一般的になされている。確かに、そのような側面はあったのかもしれない。しかし、いっぽうで、それだけでは説明しきれない部分が、アントワネットの気質として認められるのも、また確かな事実である。服飾の面から見る場合、その典型的な例が、いわゆる「王妃のシュミーズ・ドレス」の逸話であろう。

アントワネットは、宮廷の堅苦しい儀礼が、本当はあまり好きではなかった。堅苦しいグランダビも、もしかしたら、義務感で身につけていた部分もあったかもしれない。壮麗かつ厳格な儀礼の場から離れることができるときには、夫ルイから贈られた離宮のプチ・トリアノンやその奥にある人工的な農村《アモー》、あるいはヴェルサイユのテラスで、親しいプロヴァンス伯爵夫人やアルトワ伯爵夫人などと、くつろいだ格好をして過ごしたものだった。そのとき身につけていたのが、「ゴール（ガリア人を意味する）」や「王妃のシュミーズ・ドレス」、と呼ばれた衣裳であった。これはよく知られているように、モスリンの白いシンプルなドレスで、中にはパニエも身につけず、コルセットも身につけていないという、極めて「簡素な」服装であった。胸高にゆるやかな大きなリボン状の帯を巻き、高めのウエストのあたりで軽く結んでいた。その姿は、ややもすると、すこし子どもっぽいような、少女のような姿にも、当時の宮廷人たちの目には映ったかもしれない。

「簡素さ《サンプリシテ》」というのは、18世紀末の女性の装いを語るときの、ひとつのキイワードである。パニエを大きく膨らませ、コルセットで胴をきつく締め、装飾過多な服装をしていたのが18世紀を通じて見られたフランス宮廷の服飾文化である。それが世紀末に向かって、「イギリス趣味《アングロマニー》」の影響もあり、さらに、哲学者ジャン＝ジャック・ルソーの新しい思想の影響で、いわゆる自然回帰の考え方が生まれ、それによって、衣服は簡素な方向に進んでいった、というのが、おおかたの服飾史概説書におけるこの時期の説明だ。ただし、そういう時代の流れの中にあっても、「王妃のシュミーズ・ドレス」は、簡素すぎるような

図1:〈シュミーズ姿、あるいはゴール風の
マリー・アントワネット〉ルブラン、1783年

装いであった。
アントワネットのお気に入りの肖像画家ルイーズ＝エリザベト・ヴィジェ・ルブランが、そのようなシュミーズ・ドレス姿の王妃を描いたのは、1783年のことである（図1）。アントワネットもこの肖像画を気に入っていたし、ルブランも出来栄えに満足していたようだが、宮廷のお堅い人々や一部の世間は、これを許さなかった。そのときのことを、ルブランは、次のように回想している。

豪華な装いや大きなパニエをつけていない王妃を、私が描きたがっていたと信じてくださってもよいと思います。このような肖像画は、王妃の友人や外交官たちに贈ったものでした。そのようなもののうちのひとつが、麦わら帽子をかぶり、白いモスリンのドレスを身につけた王妃の姿を描いたものでした。このドレスの袖はゆったりとして襞が寄っていましたが、体にはぴったりとあっていました。この作品をサロンに出品した際には、意地の悪い人たちが、口をそろえて、王妃がシュミーズ姿（下着姿）で描かれていると言っていました。というのも、そのとき1786年でしたから、すでに、王妃に対する誹謗中傷が始まっていたのです。[*1]

ルブランのこの回想によれば、画家本人は、「白いモスリンのドレス」姿の王妃を描いたのであって、決して下着や寝間着を意味する「シュミーズ」のつもりではなかったということになる。「シュミーズ」と誤解されたことを、憤慨しているような口ぶりにも受けとめられる。ということは、一般に「王妃のシュミーズ・ドレス」と言われているが、これを見ると、ルブランの意図に沿うならば、「王妃の白いモスリンのドレス」と呼ぶほうが正しいと言えるのだろう。そして、画家本人のこの回想によれば、批判をされたのは、王妃自身が誹謗中傷されるようになっていたから、と言い訳とも受け取れそうなことも書かれており、そのときの年が1786年となっているので、もしかすると、ルブランは制作年を間違えて記しているようにも思われる。しかし、それはともかく、この文章のあとに、さらに次のような文章が続いている。

この肖像画は、しかしながら、それでもやはり大変な成功を収めたのです。展覧会の終わる頃、ヴォードヴィルで小さな芝居が行われました。たしか、そのタイトルは、「芸術会議」でした。建築家のブロンニャールと奥様が、作家から打ち明けられて、1階のボックス席を借り、初演の日に私を招待してくれました。人々が私を丁重に扱ってくれることに私がどれだけ驚いたか、そして、あの絵が登場したときの私の感情、そして、驚くような様子で女優が私のことを上手に模倣し、王妃の絵を描いていたのを見たときの私の感情を、あなたは想像することができるでしょうか。それと同時に、平土間にいるすべての人と、ボックス席のすべての人々が、私のほうを向いて、割れんばかりの拍手喝采をしてくれたのです。私はこのときほど感動したことはありませんし、この夜ほど感謝したこともありませんでした。*2

この肖像画をめぐっては、あまりに誹謗中傷がひどかったので、「描き直させられた」とも言われることがあるが、*3実際にパリの一般市民には（すべての人が集ったわけではなかったにせよ）、これほどまでに熱烈に称賛された肖像画でもあった。描き直した結果の肖像画と言われている、同じようにバラを手にし、ローブ・ア・ラ・フランセーズを身につけている王妃の肖像画（カバー絵）は、ルブランの回想録によれば、「白いモスリンのドレス」の肖像画よりずいぶん以前に描いており、アントワネットの兄ヨーゼフ2世に贈られたものであったとのことである。*4

また、実はルブランは、「白いモスリンのドレス」を、ほかの人の肖像画においても、衣裳として用いて描いていた。それが同一のものであるかどうかはわからないが、本人自身が言っているように、「パニエをつけていない姿」を描きたかったからなのかもしれな

図2:〈ポリニャック公爵夫人〉
ルブラン、1782年

い。〈白いモスリンのドレスの王妃〉は1783年の作品であるが、筆者が確認したところ、少なくとも、1781年に描かれたルブラン本人の自画像、および同年頃に描かれた〈デュ・バリー夫人〉、1782年に描かれた〈ポリニャック公爵夫人〉の肖像画が、ほぼ同様の「白いモスリンのドレス」を身につけて描かれている。〈ポリニャック公爵夫人〉の肖像画（図2）に至っては、麦わら帽子の様子もふくめ、全体がほとんどアントワネットと同じ装いをしていると言ってよいだろう。

ということは、アントワネットの「白いモスリンのドレス」は、決して突飛なものではなかったし、少なくとも画家ルブランの周辺においては、比較的、見慣れたファッションであったようにも思われる。

実際に、実はすでに「町」においては（ということは、ヴェルサイユではなくパリにおいて、ということだろう）、1780年代になると、パニエは身につけられなくなっていたという。パニエといっしょにローブ・ア・ラ・フランセーズも消えつつあった。そして、コルセット、つまりコール・ア・バレネも、柔らかいものに変化を遂げていたという。それはやはり、ジャン゠ジャック・ルソーの思想の影響とみなされていた。たとえば、ルソーは、『エミール』の中で、次のように述べている。

よく知られているように、体をしめつけないゆったりした衣服は、ギリシャの男にも女にも、その彫刻に見られるような美しいプロポーションをあたえていた。それはいまでも芸術の手本になっている。わたしたちのあいだではゆがめられた自然はそういうものを芸術に提供することをやめてしまったのだ。わたしたちの手足をやたらにしめつけているゴシック風のあらゆる拘束、あの数々の束縛、そういうものをギリシャ人は一つも身につけていなかった。現代の女性たちが体つきを目だたせるよりもむしろごまかすためにつかっている針金ではったコルセット、ギリシャの女性はそういうものをもちいることを知らなかった。あのコルセットの濫用は、イギリスでは信じられないほどひろまっているのだが、しまいには人間を退化させることになるのではないかと考えずにはいられないし、そういうことで見ばえをよくしようと考えるのは悪い趣味だとさえ言いたい。まるで雀蜂のように体《からだ》が二つに区切られた女の姿を見てもいいとは思われない。それは見た目にも不快だし、いやなことを想像させる。*5

この文章を見ると、ルソーが古代ギリシャの衣服のプロポーションを理想としていることがうかがえると同時に、コルセットで締め付けられた女性の服装が自然に反する姿としてとらえられていることがよくわかる。同じ『エミール』では、子育てにもさまざまな新しい考え方を提示しており、ルソーにより「母性」の価値が初めて認められ、貴婦人たちにさえ、自分で自分の子どもに授乳し育てようとする風潮が生まれていた。つまり、それも「自然回帰」のひとつの現れであった。

そうして、コルセットは、18世紀を通して続いていた鯨のひげがたくさん張りめぐらされた硬いものから、麻布でできた柔らかなものに変貌し、コルサージュ・ド・ドゥスという名前で呼ばれ、呼称も変化を遂げていく。同時に、衣服の布地にも新しいモードが生まれることになった。つまり、豪華なリヨンの絹織物ではなく、木綿のモスリンが女性の関心を惹きつけ始め、この白くて、軽くて、すこし透き通った布が、新しい洗練された布地、とみなされたのである。[*6]

いっぽう、ルブランの回想録にもう一度戻ってみると、「白いモスリンのドレス」について言及されているのは、3か所ほど見られるが、そのうちの1か所はデュ・バリー夫人について語っているところであり、次のような回想になっている。1786年のこととされている。

　夏も冬と同じように、デュ・バリー夫人は、ペルカル織りか、あるいは白いモスリンの化粧着《ローブ・ペニョワール》しか身につけていませんでした。毎日、そして、どんな天気のときも、公園や外を散歩していて、結果として何も不都合はなかったようですし、それぐらい田舎暮らしは彼女の体を丈夫にしていたのです。[*7]

この部分は、書き方としては、robe-peignoir de mousseline blanche であるので、「化粧着」とはいっても、「白いモスリンの化粧着風のドレス」と考えることができる。この部分の前のほうに、デュ・バリー夫人の印象を語っている部分があり、そこで、彼女の姿を「艶めかしい《コケット》」と表現している。そのときのデュ・バリー夫人はすでに45歳であったようだが、年齢を思わせない子どものような舌足らずの話し方をしていて、それがかえって魅力的であった、というようなことが書かれている。デュ・バリー夫人は、ルイ15世の最後の愛人であったが、もちろん、すでに隠居させられていた。しかし、往年の「艶めかしさ」が残っている様子が、このルブランの回想からはうかがえる。「白いモスリンのドレス」は、やはり、化粧着あるいは部屋着のような着崩した、しどけないイメージの装いであったことも、同時に確認できるだろう。

さらに、18世紀研究者であるゴンクール兄弟は、アントワネットの「白いモスリンのドレス」が話題になった頃の女性のモードについて、次のように語っている。

白地の布の簡素さに、当時の小説や人々の想像や心情の中に満ち溢れていた農民風の簡素さが混じる。（中略）こうした自然回帰の熱意、服装の素朴さ、外観の無邪気さを目指してのこうした激しい努力の熱意に燃えた女性は、ここで足を止めたわけではない。大革命前に、女性のモード全般が、女性が身につけ飾るもの一切が、子供風になる時が到来するのだ。*8

ゴンクール兄弟は、この白いドレスのモードの簡素さは、農民風、あるいは自然回帰の熱意、そのようなところから生まれていると解釈している。前に述べたように、「簡素さ」はこの時期のモードのキイワードであった。そしてそれはどうやら、「農民風」あるいは「田舎風」、そのようなイメージをともなっているようであった。ルソーはもっとも尊敬に値する職業を農業だと断言していたことからも、「農民風」への憧れが生じていた可能性は考えられる。アントワネットが「白いモスリンのドレス」で、プチ・トリアノンの奥に造設させた農村《アモー》において、乳しぼりや、羊や鶏を追いかけて「農園ごっこ」や「お百姓ごっこ」をしていたことからも、そのことは裏付けられるのかもしれない。しかし、現実の農民たちが、これほどまでに「真っ白な」ドレスを着て、農作業をしていたなどとは、当然のことながら考えられるわけがない。つまり、ゴンクール兄弟も指摘しているように、あくまで想像の世界における農民のイメージ、どこかユートピア的な田園風景におけるイメージであった。そして、最後にゴンクールが付け加えているように、このようなモードは、どこか、子どもじみているような雰囲気も持っていた。硬いコルセットもつけず、パニエもつけず、胸高に大きなリボンを結ぶのは、いかにも、年端のいかない少女のような印象をも与えたものであったろう。

いったい、アントワネットのこの「白いモスリンのドレス」は、どこから来たのだろうか。幼い子どもの姿のようにも見えるし、妖艶なデュ・バリー夫人のしどけない姿にも重なるこの装いは、いったい、何を着想源にしたものなのか。

18世紀前半にはすでにヘルクラネウムとポンペイの遺跡が発見され、それによってじわじわと古代への関心が高まり、新古典主義が生まれた。その古代ギリシャの影響であろうか。あるいはギリシャ神話の世界観から来るのだろうか。

ルソー自身も古代ギリシャからインスピレーションを得ていたようだが、ルソーがさまざまに唱えていた「自然回帰」の結果なのか。あるいは、イギリス趣味から来ているのか。いや、やはり部屋着または下着姿なのだろうか。それともひょっとしてルブランの好みによる創作なのか。宮廷のかしこまった儀礼に満ちた世界からの逃避のための衣裳なのだろうか。

答えをひとつに限定することは、思いのほか容易ではない。むしろ、これらすべてが答えとして考えられるように思う。しだいに情勢が暴力的にさえなっていく世相を考えると、それとはあまりにかけ離れ、現実離れをしたような服装にも思える。しかし、だからこそ、この白いモスリンの薄いシンプルなドレスに、われわれは惹きつけられていく。シンプルであるのに、意味を求めると曖昧でふわりと消えてしまう。それを、さりげなく身につけているアントワネットの、ほかの肖像画では見ることのできない、優しげで素朴な表情にも、言い知れぬ魅力を感じる。「白いモスリンのドレス」の穏やかなアントワネットは、迫りくる次の時代を予見していたのだろうか。

なぜなら、この白いモスリンのドレスは、アントワネットが処刑されたのちに、総裁政府時代、およびナポレオンによる第一帝政時代に、フランスの女性たちの間で大流行していったものでもあるからだ……。

図3:〈ジェルサンの看板〉(部分)
アントワーヌ・ヴァトー、1720年

「白いモスリンのドレス」が、部屋着や下着のイメージもともなっていたことは、上で述べた通りである。ゴンクール兄弟の言葉を引用すると、「18世紀は部屋着の時代」であるが、当時の部屋着とは、いったいどういうもののことを言っていたのであろうか。

そもそも、18世紀の幕開けは、服飾の面から見ると、部屋着モードから始まったと言ってもいいだろう。図3はアントワーヌ・ヴァトー(1684―1721)の晩年の作品、〈ジェルサンの看板〉(1720年)である。当時の最新モードの、いわゆるヴァトー・プリーツ(pli Watteau)として知られる淡いピンクのローブをまとった婦人が、今まさに木箱に納められようとしているルイ14世(1638―1715)の肖像画を軽く一瞥している場面が描かれている。太陽王とも呼ばれた、強力な権力を掌握していた絶対王政の王、ルイ14世の時代が終わって5年が経過し、新しい時代が始まったことを見事に表現している絵である。

このピンクのローブは、実際には新しいものなどではない。というのも、このような形態のローブは、17世紀以来すでに女性の私室《ブドワール》で身につける部屋着として用いられてきたものであったからである。それがrobe volante《ローブ・ヴォラント》、robe battante《ローブ・バタント》あるいはrobe ballante《ローブ・バラント》と呼ばれ、さらにはヴァトーが好んで描いたためヴァトー・プリーツやヴァトー・ローブとも呼ばれて流行したのは、１７０５年から１７２０年頃であった。

したがって、18世紀初頭にすでに部屋着由来のモードが台頭していたのは確かな事実である。

しかし、このような部屋着由来のローブは、アントワネットの「白いモスリンのドレス」同様に、道徳を重んじる人々からは、批判を買っていた。その典型的な例が、パラティヌ皇女（１６５２―１７２２）による次の書簡に見られる文章である。１７２１年４月12日付けの書簡で、部屋着風のローブを「はしたない（indécence）」と断罪している。

> ローブ・バラントは、私には耐え難く、許すことができません。これは、私には、はしたないものに思われます。なぜなら、ベッドからいましがた出てきたように見えるからです。[*10]

パラティヌ皇女のこの言葉は、まるでそのままアントワネットの「白いモスリンのドレ

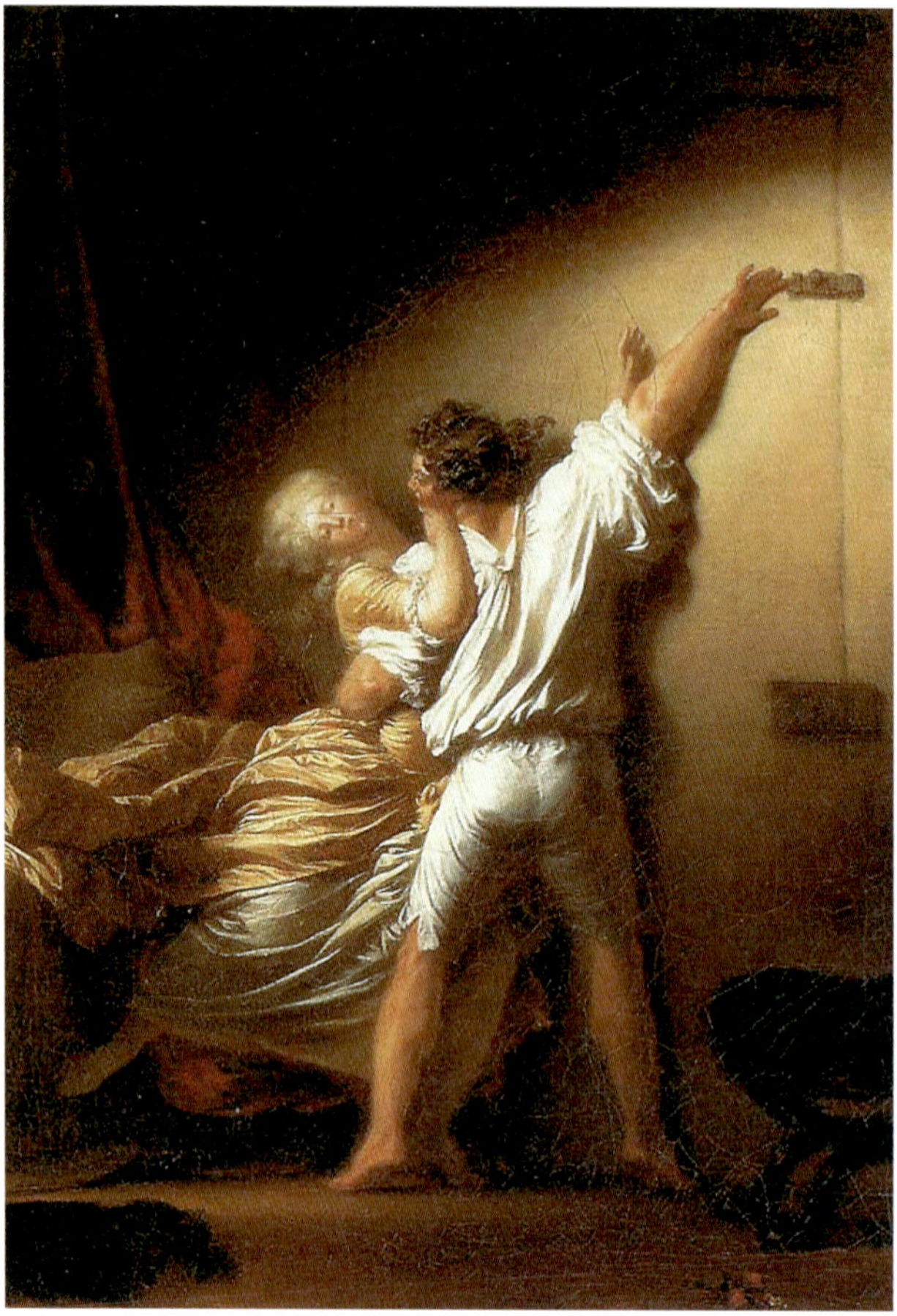

図4:〈閂(かんぬき)〉(部分)
フラゴナール、1778年頃

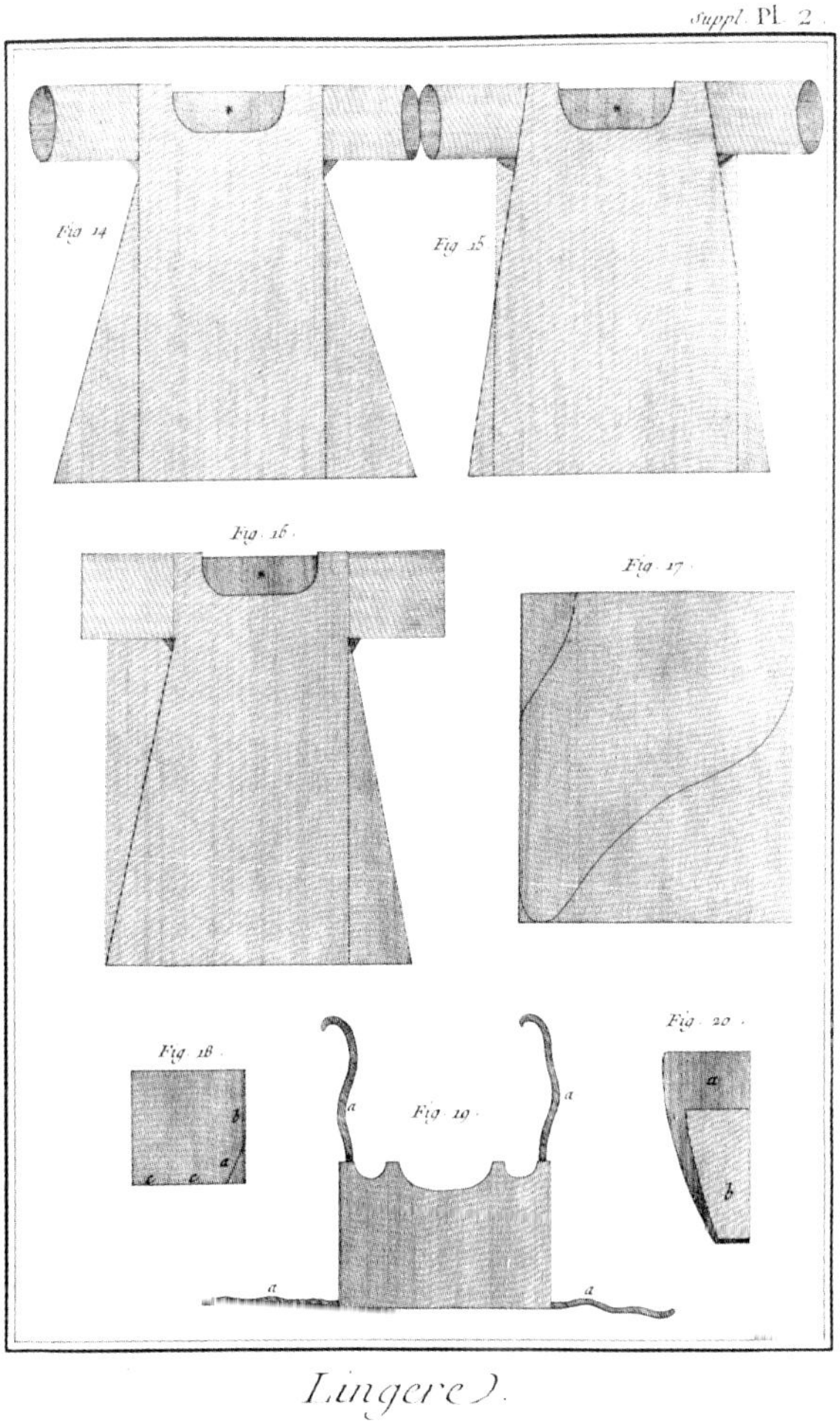

図5:シュミーズの図。リネン屋の図より(『百科全書』)

ス」に対して向けられた批判と受け止めることもできるかのようである。新しいモードは、常に古い世代に批判されるということなのか。

いずれにしても、これらの1720年頃に見られた新しい部屋着由来のモードは、身体の「心地よさ《コモディテ》」を求めて生まれたモードであったために、危険視されていたようである。[11]「心地よさ」は身体の快楽に結びつき、それがキリスト教的モラルの中では、許されない感覚だからであった。

アントワネットの「白いモスリンのドレス」は、画家ルブランも回想しているように、「シュミーズ」と同一視されたために、批判する人たちには許しがたい装いとして映っていた。それでは、シュミーズとはどういう衣服であったのだろうか。

当時の辞書によれば、シュミーズとは「肌の上に直接身につける衣服」であり、「麻、亜麻、あるいは木綿の平織りの布で作られている」と定義される。[12] フラゴナールの作品〈閂《かんぬき》〉に描かれている、男性が身につけているシャツがシュミーズである（図4）。その形は、ディドロとダランベールの『百科全書』などによれば、図5のようにロングTシャツ状のもので、男女ともに身につけた衣服であった。[13] ランジェール（lingère）と呼ばれる、白い布製品を商う下着製造販売業者の小売店で売られていた。

つまり、「麻、亜麻、あるいは木綿」でできている、大変シンプルで、人にとって最低限身につけておくべき衣服であったことがわかる。通常であれば、人目にさらすことのない下着や夜着のための衣服であるが、すでに述べているように、アントワネットのような王室の者たちは、まず、朝の寝起きの時点から、このシュミーズを身につける儀式が厳かに行われ、人前に公開している姿でもあった。

身分の高い者のシュミーズであれば、おそらく、肌触りの悪い麻製であることは絶対にありえなかったであろう。最上級の真っ白い亜麻布であるトワル・ドランドやオランドと呼ばれるオランダ産亜麻布か、あるいは、王族の場合、真っ白い絹のシュミーズを身につけることもあっただろうと想像される。あるいは、18世紀後半から次第に人気が上昇していった白い木綿の軽やかなシュミーズということも、考えられるだろう。いずれにしても、アントワネットのような宮廷社会の頂点に位置する王妃のシュミーズは、非常に美しく漂白をされた、真っ白で、肌触りもとても良い、亜麻か絹か木綿の薄くて軽い衣服であったと思われる。シュミーズの裾などにはおそらく繊細な白糸刺繡も施され、白糸のレースで縁取りもされていたかもしれない。

白い布は、どうやって手に入れられていたかというと、非常に手間のかかる漂白によって作られていた。上記の通り、最上級の白布は、オランダ産亜麻布なので、オランダにおける漂白の仕方を、ここでは述べておこう。以下は、アベ・ジョベールによる『職業技術辞典』（1793―1801）に記されている、オランダ方式の漂白技法である。長くなるが、全文引用しよう。

熟練の漂白屋は、漂白すべき布が上質であるときには、オランダ方式に従う。（中略）以下がオランダ方式である。

まず布を材質が同じものでまとめる。そこに輪になった紐を結びつけ、糸を通し、布を水に浸す。最初の作業は布を水に浸けるということである。これは次のような方法で行われている。布をそれぞれ別々に畳み、大きな木製の容器の中に入れる。その上から充分な量のぬるま湯、あるいは洗剤と水を同量で混ぜたものを注ぐ。これは布を漂白するためにしか使わないものである。最後に、小麦粉とライ麦のふすまを入れた水を、すべてが完全に浸み込み、水が表面に浮かんでくるまで注ぐ。布をお湯の中に浸けておよそ6時間経過し、さらに水に12時間浸けると、この液体は分解し始め、泡が浮かび、水面に皮膜が形成され、布が膨らみ、蓋をしていなければ持ち上がってきてしまう。36時間から48時間経過すると、あくが底に沈む。この沈殿が起こる前に布は取り出さなければならない。

次に布を取り出し、これをよく洗う。長さに合わせて二つ折りにし、何回も二重にする。それから水車で打ちなめす。発酵によって分離したゴミを取り除くためである。それから草地の上に広げて布を乾かす。完全に乾いたら、第2の作業に移る。これは洗剤の流し込みである。

最初の洗濯はスコットランドの計測でおよそ170ガロンの水の入った釜の中で行われる（1ガロンはおよそパリの4パントにあたる）。この釜を4分の3の量の水でいっぱいにする。これを沸騰させる。沸騰がはじまったら、必要な量の灰をそこに入れる。青色の灰を30リーヴル、同量の白い灰、200リーヴルのMarcost（注：不明）の灰、あるいはもしこれらがなければ、およそ300リーヴルの炭酸ナトリウム、300リーヴルの炭酸カリウムかロシア（Moscovie）の白い灰である。この後者の3種の灰はよく砕いてすり潰さなければならない。この水を15分沸騰させて、これらの灰を木製のシャベルでよくかき混ぜるが、このことをbrasserと呼ぶ。そして火からおろす。この液体をそれがきれいに澄み切るまで放っておく。これには少なくとも6時間かかる。その後これを使う。洗剤の母（mère lessive）と呼ぶこの最初の洗剤を、2回目にも、つまり洗濯をするときにも使う。このためにもうひとつの釜（スコットランドの計測で40ガロンの容量）に38ガロンの水と2リーヴルの液体石鹼と2ガロンの洗剤の母（mére lessive）を入れる。

草地でよく乾いた布を取り込んでから、並べられた洗濯桶の中に詰める。布の端が外から見えるようにして、上から注ぎ入れる洗剤が同様に浸透するようにする。この洗剤を温めて、人肌の温度になったら、布の上に注ぐ。木靴を履いた男性ひとりがそれを足で押したりつぶしたりする。桶の中に入れた束（lit）ごとに、同じ作業を繰り返す。洗濯桶がいっぱいになり、もう入れるべき布がなくなるまで行う。

洗濯桶の中にしばらく放っておいたあとで、蛇口から釜の中身を流出させなければならない。そしてもうすこし熱いお湯を入れてから、もう一度布の上に注ぐ。同じことを6、7時間の間繰り返す。それから布を同じ洗剤の中に3、4時間浸けたままにし、その後洗剤を流出させて、洗剤を捨てる。あるいは最初の流し込みのためにその液をとっておく。

これらの2つの作業が終わると、布を早朝に草地へ運ぶ。草の上にそれを広げ、空気と太陽にそれをさらす。そして最初の6時間の間はしばしば布に水を撒く。布が決して乾いたりしないようにする。その後、水撒きはせず、数か所が乾くまで、放っておく。午後7時以降は、夜間よほど乾燥していないかぎり、水撒きはしない。翌日の午前には、2回、あるいはもし非常に乾燥している場合には4回水を撒く。しかし乾燥していない場合にはまったく布を濡らさない。しっかり布が乾いたら草地から取り込む。

このようにして布をかわるがわる洗濯から草地へ、草地から洗濯へと移すのであるが、10回から16回まであるいはそれ以上におよぶこともある。もし16回になったら、今述べたように、次第に洗剤の強度を最初の8回は強めていき、あとの8回は弱めていく。

4つ目の作業は布を酸に通すことである。以下がよく行われている方法だ。大きな桶に、牛乳バターか酸っぱくなった牛乳を、ゆったりしたひだで束ねている最上級の布を湿らせるのに充分な量注ぎ、3人の男がはだしでそれを踏みつける。この最上級の布の上に、次に充分な量の酸っぱくなった牛乳と水を注ぎ、2番目のランクの布を浸す。これをすべての布にこの酸が注がれ、充分に湿り、液体が上がってくるまで続ける。この布を複数の穴のあいた蓋で沈ませる。この蓋には持ち上がらないように底の梁にかける棒がついている。布をこの酸の液体に数時間浸けると、泡が浮かんできて、表面に白い泡が見えてくる。そしてしっかりと5、6日間発酵させるのである。発酵が終わるすこし前に、布を取り出し、ルパメする。ルパメとは流水の中で布をたたくことである。川にかかっている小さな橋の上に布をたたきつける。この橋は水面から1ピエか2ピエ程度の高さである。それから布を水車に運び、発酵によって分解されたすべての汚れを取り除く。この機械はこの目的に完璧にこたえてくれる。その動きは簡単で、規則正しく、確実である。やさしく布を押しつぶしながら、水流が持続的に布を洗うように、布をまわさなければならないのである。注意しなければならないのは、唯一、布のひだの中に水が残らないようにすることである。そうすると確実にその場所を破損してしまうからだ。

5つ目の作業は石鹼で洗うことである。以下がよく行われているやり方だ。ふたりの女性が互いに向かい合って、非常に厚い板でできたたらいの前に立つ。たらいのへりは内側に向かって傾いており、およそ4プスの厚みがある。このたらいの中にお湯でいっぱいになっているティネットという名の小さな木の器か木の容器を置く。布はその長さに合わせて縁が最初に洗われるように折り畳まれる。布に石鹼液が浸み込むまで行う。この方法で布の束全体をこすり、それから洗濯へ持って行く。

この洗濯では石鹼は使わないし、布に浸み込んだ他の何ものも使わない。しかし、灰の程度によって、深く押し込み、布の全体が均一に白く見えるまでにし、茶色の部分がまったく見えないようにする。この点に達したら今まで以上に大急ぎで洗剤を弱める。布に注ぐ最後の洗剤は、今までもっとも弱いものにする。

洗濯の後、布は草地へ運ばれ、そこで先に述べたように水が撒かれる。このとき、縁は完全に覆われなければならないし、輪になった紐でボルトに結び付けて、布が破けないようにしなければならない。もう一度酸に浸ける。もう一度水車へ運ぶ。それから布を洗う。そして草地で水を撒く。それを望んだ白さに漂白されるまで行う。それから青の染料を施し、でんぷん糊をつけ、乾かすのである。

これが上等の繊細な布を漂白するやり方である。[*14]

オランダは、そもそも水が軟水で澄んでいたので、漂白には最適の土地とされていた。このオランダ方式の漂白技法では、驚くべきことに、「青み付け」と呼ばれる技法がすでに採用されている。つまり、漂白の最後の段階に、ほんの微量だが青色の染料を施すことによって、白さをより白く見せるという技法である。そして、文中何度も出てきているが、当時は漂白をするために、漂白用の草地を作っていた。草地に、広々と布地を広げ、そこに水を撒くと、晴天が続けば水が蒸発して、オゾンを発生させることができ、それによって、オゾン漂白ができる。現代の知識から考えても理にかなった技法であった。このように、水車の力を借りたり、川や草地を利用したりする、布地を白くする漂白の光景自体が、牧歌的な、ひとつの美しい田園風景にもなっていた。青々とした緑の草地に、真っ白い布地が干されている様子は、美しくすがすがしいイメージにつながったようにも思われる。以上のような工程によって、美しく漂白された布を用いて、上等のシュミーズは作られていたのである。

少し部屋着や下着から話がそれてしまったが、このような真っ白いシュミーズについて考えてみると、アントワネットの「白いモスリンのドレス」が、下着であるシュミーズ姿だと勘違いされてしまったことも、致し方なかった部分もあるように思われる。

さらに18世紀の女性は、高位の女性であればあるほど、朝の身繕いに長い時間をかけるので、そのときに身につけている衣服も、典型的な部屋着とみなされていた。その名前は、ペニョワールやネグリジェと呼ばれたものである。名前が明かす通り、ペニョワール（peignoir）は、髪をくしけずるときの化粧着であるし、ネグリジェ（négligée）はすこしくつろいだ雰囲気（言葉の意味としては、「だらしない」）のときに身につける部屋着である。これらも、内側にコルセットやパニエをつけていないことがほとんどであり、通常であれば、親密な関係にある人たちの前でしか見せない姿であった。

トワル・ド・ジュイ

18世紀後半は、木綿の時代の幕開けでもあった。すでにイギリスでは木綿業を中心とした産業革命が起きており、もともとインドから輸入していた綿布をヨーロッパでも生産するような時代になってきていた。木綿の時代の幕開けとは、別の言葉で簡単に言うならば、「服装のカジュアル化」が進んだことをも意味していると言ってよいだろう。それまで、王妃たるもの、フランス国内とりわけリヨンで生産された最上級の絹織物を身につけるのが当然のこととされてきたのであるし、木綿が表着になることなど、それまでは、あまり考えたことがなかったであろうからである。

しかし、木綿が表着になっていくひとつのきっかけとなる布があった。それが、アンディエンヌという名で呼ばれた、インドから輸入していた捺染《なっせん》綿布、インド更紗である。鮮やかではあるが天然染料による優しげな印象もともなう、赤や青などの色を使った細かな花柄模様が愛らしい布であった。細かな花柄紋や植物紋は、それまでフランスでは織りや刺繡でしか表現できなかった。アンディエンヌは後述する捺染の技法で染めており、大変軽くて扱いやすい布であったために、当時の女性たちからの絶大なる人気を誇っていたのである。アントワネットもこの布に魅了されたひとりであった。

アンディエンヌは長らく輸入に頼っており、あまりにその人気が高まりすぎたことなどもあって、禁令の対象になったこともあった。

禁令が解かれた1759年以降になってクリストフ＝フィリップ・オーベルカンフが、ヴェルサイユの近郊であるジュイ・アン・ジョザスの地にこの布のための工場を建設した。これによって、ジュイ更紗、つまりトワル・ド・ジュイとして発展する。オーベルカンフは、インドの製法から多くを学びつつも、フランスらしい洗練された、新しい軽やかな木綿の布を製造していくことになったのである。

アンディエンヌのフランスへのルートは、南フランス、マルセイユからの流入が最初であった。この南フランスで導入されたアンディエンヌは、当地にてプロヴァンサル・プリントとして独特の民族衣裳にも用いられるようになり、現代に至るまで長く愛される布地に発展した。南フランスで発展したプロヴァンサル・プリントは、トワル・ド・ジュイとは違って、一般市民のための布地であった。

現在では、タラスコンという町に、「ソレイアード南仏テキスタイル美術館」というプロヴァンサル・プリントの美術館があり、そこで、当初の技術とともに、どのように、土

図6:〈トワル・ド・ジュイ〉ジャン＝バティスト・ユエによる原画、1783年。
トワル・ド・ジュイの製作工程が描かれている。
1、一番上と一番下に漂白をした布を草地に広げている様子がみられる。
2、上から二段目の右に木版を手で押して絵柄を染めている様子が
描かれている。
3、ユエ自身がデザインを描いている様子が描かれている。

地に根付いていったのかが詳しく展示されている。その中で、特に目を引くのは、プロヴァンサル・プリントの布地の模様と、決して経済的に豊かな土地とは言えなかった当地の、捨て子との関係である。つまり、捨て子が発見されると、プロヴァンサル・プリントの布地でその子どもをくるんで保護し、その子どもは、この布地の模様の名称や番号で識別されて、乳児院で育てられた、という話である。布が、子どもを守り育てていくために重要な役割を果たしていたという実話であり、庶民とともに生きた布が、そこには見られる。

いっぽう、トワル・ド・ジュイは、ヴェルサイユの近郊にあることから考えても、当然、王妃に献上するために、作られていた布地であった。当初採用していたインドの製法というのは、特に、その捺染の技法に見られる。それは、ブロック状になった木版によって、模様を判で押すようにして、染めていくというものである。この技法は、南フランスでも同様のやり方が継承されていたし、そもそもの更紗というものは、こういう木版を使っているようだ（日本に渡ったインド更紗も同様である）。そのような、木版の版木自体も、トワル・ド・ジュイ美術館には大切に保存されている。版木さえあれば、おそらく今でも、当時の布を再現することは可能なのだろうが、技術もともなわなければならないから、そう簡単なことではないかもしれない。

このような当時のトワル・ド・ジュイの技術に関しては、18世紀に図案画を多く描いた画家ジャン・バティスト・ユエによって、製品である布地そのものに、布を作る工程の図柄が、美しく詳細に描かれて残されている（図6）。布が作られていくそれらの工程を見てみると、方法自体は、布の漂白の工程にも一部がとてもよく似ている。最終的に布が仕上がると、やはり草地の上に広げて、発色を鮮やかにするために、日光にさらしたようであるからだ。

いずれにしても、トワル・ド・ジュイは、アントワネットに、カジュアルな普段着の、優しい肌触りや心地よさを教えてくれた布地であったことは間違いない。この布を使ったドレスや、家具調度品などを、アントワネットは愛してやまなかったようである。

カジュアルな散歩服――縞《しま》柄の流行

カジュアルな服装への好みは、ほかのものにも見受けられた。特に18世紀後半に見られた新しい好尚《こうしょう》で目を引くのは、縞柄の流行である。縞柄と言えば、実は中世以来、娼婦や受刑者などが身につけたために、あまりいい意味を付与されてこなかった模様である。いや、むしろ、どちらかと言えば、忌避される模様であり続けてきた。しかもその意識は、

図7:〈室内着、あるいはエレガントなデサビエ〉
カルモンテル原画、1768年

図8–1：〈ポロネーズ・オン・フラック〉
ル・クレール原画、ル・ボーによる版画、1778年。
縞模様のローブ・ア・ラ・ポロネーズを身につけて、
靴下留めを結んでいるところ

ヨーロッパの長い文化の中ではかなり根強いものがあったというから驚くものがある。[*15] にもかかわらず、18世紀の最後になって、縞柄は名誉挽回し、一気に人気の模様になるのである。それは、アントワネットの衣裳見本帳を見てもよくわかる。意外に思うほどに、たくさんのさまざまな縞柄の布が、そこには貼り付けられているからである。

この新しい縞柄への好みが誕生した背景には、アメリカ独立戦争(1775—1783)の影響があったことが指摘されている。[*16] つまり、アメリカが勝ち取った「自由」という新しい価値が、アメリカを想起させる縞柄に付与されたというのである。しかし、それだけではなく、もっと早い時期から縞柄の流行は見ることはできたので(図7)、他の要因を考慮する必要も指摘されている。[*17] またルイ・セバスティアン・メルシエの『タブロー・ド・パリ』によれば、縞モードの起源は、王のペットとしてのシマウマの存在が大きいという。愛玩していたシマウマたちの姿が、王族の縞模様に対しての熱狂を生み出したのだというのである。[*18]

さらにもうすこし後になってからであるが、もうひとつの要因としては、フランス革命である。つまり、赤白青の3色、トリコロールが革命派の人々によって盛んに用いられるようになり、この3色を縦縞にした縞模様が、庶民を中心に身につけられるようになっていった。

「カジュアル」なものを求める時代の好尚は、とどまるところを知らなかった。縞模様はその典型例のひとつであるが、たとえば、衣服の種類においても、カジュアルな散歩服の登場が見られた。ポロネーズ、と呼ばれたドレスがその代表的な例である（図8－1、8－2）。これは、公的な場や高位の女性であれば、くるぶしを見せることなど決してなかったあの時代にあって、足元がくるぶしくらいまでチラリと見えるスカート丈になっており、スカートの一番上に重ねている部分を、リボンなどですこしからげて、散歩のときに歩きやすくするようなデザインになっていた。王妃のような最高位の貴婦人は、外を自分の足で歩かなくてもよかったはずなのだが、自分の足で歩きたいアントワネットは、ポロネーズも好んで身につけ、ヴェルサイユの広々とした庭園を、おそらく花壇に咲き誇る花々を愛でながら、小さなパラソルをさして散策していたと思われる。

麦わら帽子（羊飼い風）

画家ルブランによる、アントワネットの「モスリンの白いドレス」の肖像画で、もうひとつ忘れてはならない服飾のアイテムは、麦わら帽子である。おそらく、この肖像画が批

図8−2:〈マルリーでの約束〉
ジャン・ミシェル・モロー、カール・グッテンベルグ
による版画、1789年

図9:〈ブドウ摘みの女〉
フラゴナール、1754–1755年

判されたもうひとつの理由が、この麦わら帽子にあったと思われる。というのは、麦わら帽子は、やはり王妃がかぶるような帽子とは言えず、畑仕事や庭仕事をするような人たちのための帽子とみなされていたからだ。

18世紀の「田園」や「農村」への憧れのひとつの発露として考えられるのは、雅宴画《フェット・ギャラント》や、当時の芝居や文学作品の中にしばしば登場する「羊飼い」の姿であるだろう。この「羊飼い」も、決して現実のリアルな羊飼いではなく、想像上の、ユートピアとしての田園で遊んでいる、牧歌的な恋人同士として描かれることの多い「羊飼い」である。その姿はむしろ、羊飼いに仮装した若い貴族の男女、と考えるほうが納得がいく。このように、多くの場合、この「羊飼い」たちは、美しい田園風景の中で、ダンスを踊っていたり、恋に戯れ、木陰で親しく語らっている様子で描かれているものであった。そのような様子は、雅宴画の巨匠フランソワ・ブーシェの作品の中には、いくらでも見受けられる。たとえば、〈田園生活の魅力〉や〈報いられた羊飼い〉といった版画が典型的なものだろう。〈報いられた羊飼い〉では、まるでルブランが描いた〈ポリニャック夫人〉の肖像画のような、麦わら帽子をかぶっている若い「羊飼い」の美しい女性が描かれている。この若き「羊飼い」の女性の姿は、フラゴナールによって1754年頃に描かれた〈ブドウ摘みの女〉(図9)にも酷似している。この女性は羊飼いではないけれども、田園で、優雅に、まるでバレエを踊っているかのようにブドウ摘みを楽しんでおり（バレエのポーズそのものではないか？）、そして、おそらくこの帽子は、麦わら帽子と思われるのである。

したがって麦わら帽子は、「田園風景」、そして「羊飼い」のための、典型的なアトリビュートであった。麦わら帽子を、リアルな農村や農民や羊飼いに結び付けられるかどうかはわからないが、当時の、ひとつのユートピアとしての「田園」には不可欠であった。そして実際、アントワネットも自身の劇場において自ら「羊飼い」に扮して芝居を演じることもあったというから、そのような雰囲気の中から、麦わら帽子という趣向は生まれてきたものと考えられる。

プチ・トリアノン、そしてその奥に広がる農村《アモー》は、アントワネットにとって、夢の世界であった。そこはおそらくルソーが『告白』で語っていた、次のような光景だったのだろう。そんな理想郷で、アントワネットは、白いモスリンのドレスと麦わら帽子の姿で、心を夢の世界に逃避させていたのである。

家の中には、田舎ふうの小宴がはられている様子がしのばれ、牧場ではふざけ遊び、川のほとりでは水浴、散歩、釣り、梢にはうまい果実、木かげにはあいびきの逸楽、山の上には乳やクリームの入った桶《おけ》、また楽しい閑暇、平和、単純な生活、あてなしにさまよう喜び、そういうものを心に描いた、つまり、何を見ても心に何か楽しい魅力としてうったえないものはない。眺める景色の壮大さ、変化、まことの美しさが、こうした魅力をもっともなものと思わせるのだ[*19]。

第五章　永遠の王妃——指輪と白い肩掛け《フィシュ》

喪服と白いドレス

アントワネットは、その人生の中で、白いドレスを折に触れて身につけていた。そしてそれらはその時々において象徴的な意味を担っていたようにも思われる。その最たるものが、処刑のその日に身につけた白いドレスであった。ツワイクの伝記小説の中では「白いガウン」と記されているが、これは言葉としては“robe”であろうから、ドレスと読み取って間違いない。

ツワイクによれば、処刑のその日、アントワネットはすでに1年以上もの間、独房に閉じ込められ、亡き夫ルイ16世の喪に服して、黒い喪服を身につけていた。当時、寡婦の喪服はもっとも厳格で重いものであり、服喪期間も1年と6週間というもっとも長いものであったから、黒ずくめのヴェールで体を覆うくらいの喪服を身につけていたと思われる。

寡婦の喪服がいかなるものであったか、当時の喪服のエチケットが記された１７６６年の年鑑の記述を引用しておこう。

寡婦は毛織物のラ・ド・サンモールを身につける。長いトレーンをひいたローブで、それをスカートの片方につけている飾り紐でたくしあげ、ポケットから再度それを引き出している。ローブのプリーツは、前と後ろで留める。前のふたつのプリーツはブローチかリボンで留める。コンペールは身につけない。袖はパゴダ風。大きな折り返しのついたかぶりもの。レースが１段と、大きな折り返しのついた普通のカフス。胴のプリーツを留めるために、黒い縮緬《ちりめん》のベルトの前をブローチで留め、ふたつのベルトの先をローブの裾まで垂らす。昔行っていたように、縮緬のスカーフの後ろにプリーツを寄せる。黒い縮緬の大きなかぶりもの。手袋、靴、ブロンズ色のバックル。ラ・ド・サンモールで覆われたマフ。装飾はないが、縮緬の扇を持つ。*1

この記述に頻繁に現れるラ・ド・サンモールとは、17世紀以来パリ郊外のサン・モール・デ・フォッセという町で作られている黒いサージの毛織物である。19世紀に至るまで、喪服の布地としてよく用いられたものであった。

しかしこのように明らかに未亡人であるということを示す（しかもその亡夫はルイ16世であるということを示す）喪服では、民衆を刺激するかもしれないということで、当局はアントワネットに、処刑の際には黒い喪服を着てこないように説いていた。そして、ツワイクによれば、「今さら着物のことがなんであろう！　彼女はなんの異議も唱えないで、軽い白いガウンを着て行くことに決めた」のである。

死刑執行のその日、アントワネットはすでに何日もひどく体調を崩していたが、最後の力を振り絞って、汚れた下着を着替えた。下着を独房に残していくことを恥じた彼女は、それらをストーブの後ろの板の割れ目に押し込んで隠したという。

この下着は、現在カルナヴァレ・パリ歴史美術館に残されており、王冠の絵柄とMAの文字がクロスステッチで刺繡されたもので、亜麻と木綿によるシュミーズとされている（図1）。きれいに折り目のついたこのシュミーズは、最後にきちんと下着を畳んだ、アントワネットの気持ちさえ畳み込んで、閉じ込められているように思われた。ツワイクは次のように描写している。[*2]

それから王妃は、特別念入りに身仕舞いする。一年以上も街に出たことはなく、自由な広い青天井を仰いだこともない彼女にしてみれば、この最後の外出こそ、端正清

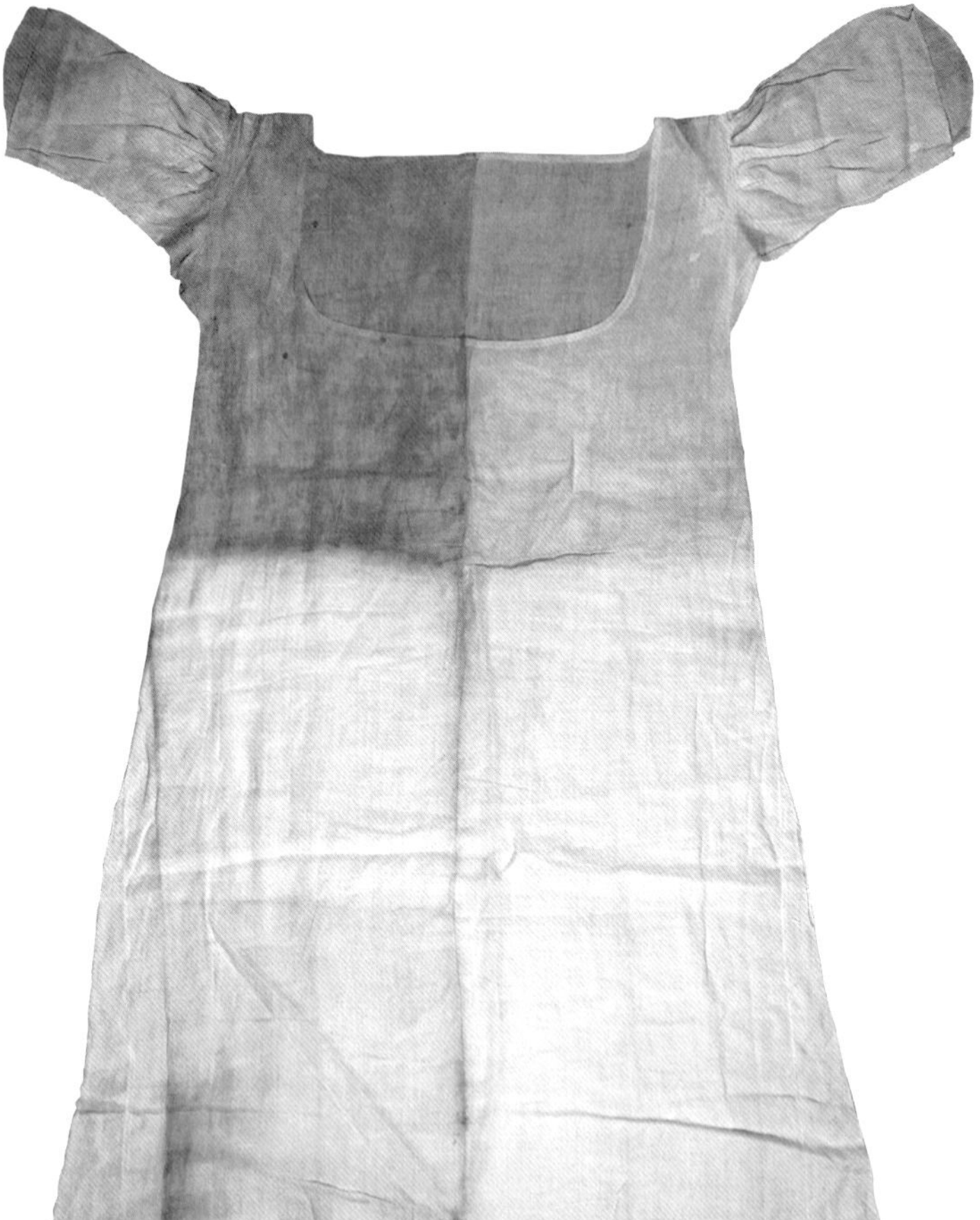

図1：タンプル塔のマリー・アントワネットが
最後に着ていたシュミーズ、1793年頃

潔な服装でなければならない。彼女のこうした気持は、もはや女の虚栄心ではなく、歴史的瞬間にふさわしい威厳を保とうという心遣いからである。彼女は念入りに白いガウンの皺をのばし、襟首を軽いモスリンの布でまき、一番いい靴を選ぶ。二段折りの帽子が、白くなった髪の毛をかくす。[*3]

このように最期の瞬間になって、アントワネットは、王妃としての威厳を保つための最大限の努力を払った。もはや豪華絢爛なグランダビで示された王妃のまばゆい姿は遠い過去のものとなっていた。身につけられるのは簡素な白いガウンのみであるが、むしろその姿は、自らの死に際して、決然と覚悟を決めて臨む神々しいばかりの姿でもあった。王妃としての威厳と名誉だけは救わなければならない、その覚悟が最期の姿に込められていた。「白いガウン」と簡単に記されている「純白のドレス」は、アントワネットが選んだ、紛れもないみごとな死装束である。最後の最後に、彼女は王妃の威厳を人民の前に示すことができたのであった。

アントワネットの死後、ルブランは残された王女マリー・テレーズのために亡き王妃の絵姿を描いた（図2）。1800年のことである。白いモスリンのドレスを着たアントワネットの姿は、天上から子どもたちを見守っているかのようにおだやかに微笑んでいる。

図2:〈亡き後の王妃〉ルブラン、1800年

ルイ16世の指輪と髪

古来、王の指輪というものは非常に大きな権力を持つものであった。王の指輪は、それ自体が王の認印になっているので、これを大事な書簡の封緘《ふうかん》として利用することがあるからだ。大切に王の後継者に引き継がれていくか、権力の濫用を避けるために、一代限りで壊されることもあった。

ルイ16世が処刑された後、王の形見の指輪は、やはりその秘めたる力に怖れをなしたものなのか、没収され封印されている。ツワイクは次のように語る。

処刑直前ルイ十六世は従僕の手を通じて、家族の者に形見として、彼の認印指輪と一ふさの頭髪を渡そうと欲したのであったが、コンミューンの委員たちは、この死の浄めを受けた者の贈物のかげにさえ、なお一種の神秘的な陰謀のしるしを見てとって、この遺品を没収して封印していたのであった。*4

王の権力が宿る指輪と一緒に、髪の毛を残そうとしたのは、残されるアントワネットと子どもたちに対してルイが示した、ひとつの愛情のしるしである。

アントワネットの生きた時代には、愛情のしるしとして、生前においても家族に髪の毛を贈ることがあった。たとえば、母マリア・テレジアが生きていた際、アントワネットは家族の髪の毛をことのほか長い間欲しがっており、それをもらったときに、うれしさのあまり感動をこめて、次のような手紙を書いている。１７７４年11月16日の手紙である。

愛するママの髪は私の幸せの徴《しるし》です。今はハート型の小函《こばこ》と指輪のなかに収めてあります。しかし、むろん私は、この貴重な飾り物がなくても、世界の母親のなかで一番のやさしい母親をいつでも思い出すことができます。*5

このように、愛する人の髪の毛を、ロケットの中に大事にしまっていたり、あるいは、指輪の中に小さく閉じ込めて、常に身につけているということは、この時代にはよくあることであった。しかし生前に贈る以上に大事な意味を持ったのは、形見としての髪の毛ひと房である。したがって、愛する故人の大事な遺品として髪の毛は、同様に、小さなアクセサリーの中に入れて、常に身につけ、亡くなった人を密かに偲ぶものだった。

アントワネットの遺髪が収められたジュエリーは、これまでにいくつかの存在が確認されている。[*6] 最近話題になったものとしては、２０１８年11月のサザビーズ・オークションにて、アントワネットにゆかりのジュエリーが競売にかけられた。いくつかある豪奢なジュエリーのなかのひとつに、マリー・アントワネットのMとAのイニシャルがダイヤで記された指輪があり、その中に、アントワネットの遺髪が閉じ込められていた。

また図３に示した指輪は、パリのカルナヴァレ博物館に現在も所蔵されているもので、当館の説明によると、マリー・アントワネットの遺髪と、彼女の親友であったランバル公妃の遺髪が、きれいに編み込まれて収められたものだという。ほかにもカルナヴァレ博物館には、アントワネットの遺髪の入ったペンダントヘッドも存在している。しかし、アントワネットの夫ルイ16世の形見の髪の毛は、それさえ、遺すことは許されなかったのであった。

図3：小さなパールで縁どられた金の指輪。
中にマリー・アントワネットとランバル公妃の
遺髪が収められている。
カルナヴァレ博物館所蔵。

フェルセンに遺した指輪

アントワネットは大のジュエリー好きであった。彼女の生活のもっとも華やいでいた時期、ツワイクは次のように記している。アントワネットの朝の関心事について物語る文章である。

第三の気がかり、それ相応の装身具がなかったら、毎日変った服装ができるか知ら？　できません。女王様というものは、誰よりも大きいダイヤ、大きい真珠が必要です。彼女は義弟妃殿下や、宮廷の貴婦人たちにまけないだけの、指環、腕環、環状頭飾、髪飾り、宝石、靴の締金、フラゴナールによって色どられた扇子にふさわしい宝石の飾り縁が必要だ。もちろん彼女はウィーンからたくさんのダイヤを持って来ていたし、ルイ十五世からも結婚のお祝いに、内輪の装身具をいれた小箱を貰った。しかしいつも新しい、より美しく、より高価な宝石が買えないようでは、なんのための王妃であろう？[*7]

このようなアントワネットの装身具狂いは国家の多額の借金を生み、さらに彼女にとって不名誉な首飾り事件をも引き起こすことになったのだが、王妃は再三にわたる母マリア・テレジアからの忠告には耳を傾けず、新奇で高価なジュエリーに目がなかった。しかし、彼女の人生の中で、もっとも重みがあり、重要な意味を持ったジュエリーは、恋人フェルセンからもらった指輪ただひとつであったように思われる。

指輪は、王のものであるならば王権の象徴であるが、個人のものとしては、今も昔も愛情のしるしであることは変わらない。このような愛情のしるしとしての指輪は、大変歴史が古く、古代から存在してきた。そして、アントワネットの晩年は、フェルセンから贈られたひとつの指輪を支えに、生きていたようなところが見受けられる。アントワネットの人生の終章はここに極まった感がある。

マリー・アントワネットは、ブルボン王家の百合花のしるしではなくて（そういう指輪は彼女からフェルセンに贈ってある）、フェルセンの紋章を刻した指輪を作っていた。フェルセンが彼の指に王妃の格言を日ごと見ているように、王妃は彼女の指にこの遠く離れている年月を通じて、スウェーデンの貴族の紋章を持っているのであった。*8

アントワネットは、自分がもう助かるあてはないと知ったとき、最後に密かにフェルセンに宛てた書簡に、この指輪のしるしをつけて送り届けた。指輪の刻銘を、熱い蠟《ろう》に押し付け、このしるしの中に、彼女のすべての思いを込めたのである。

マリー・アントワネットが特別つくらせたその認印指輪の題銘、いまほどぴったり当てはまったことのない格言というのは、何を告げているか？　フランスの王妃が身分の低い一スウェーデンの貴人の紋章を刻せしめ、そしてかつての数知れない装身具の中からただ一つ、この獄舎においても肌身離さず指につけている認印指輪の文字とは何であるか？

その格言は、五つのイタリア語から成っている。そして死の寸前において、かつての日よりもいよいよ真実であるその言葉は、"Tutto a te mi guida"「なべては我を御身《おんみ》へ導く」という言葉である。*9

アントワネットは、この言葉を、フェルセンへの最後の別れの言葉に選んだ。もう自分の命は助からない、しかし、すべてが終わった後に、魂は、あなたのもとに運ばれていく。

アントワネットの、女性としての熱く強い情念を思わせるエピソードである。指輪のメッセージは、最後の別れを告げる、切実なラブレターであった。

フェルセンはアントワネットの死後、20年近く生き続ける。しかし、ツワイクの作品においては、アントワネットにとっての運命の日、ヴァレンヌ脱走の6月20日、ストックホルム市庁舎前で、彼自身の望んだ通りに惨殺されたとされている。

死後のモード雑誌の中で

アントワネットは死後、意外にも割合早い時期に、「悲劇の女王」として人々の崇拝の対象となり、新たなイメージをともなって、フランス人の間で人気を博していった。モード雑誌の中にも、その様子は、いち早く表れており、イギリスのものではあるが、1815年1月号の *The Ladies' Monthly Museum* には、彼女の絵姿が表紙裏に描かれ、悲劇の女王としての物語も記されている。そして、フランスにおいても、王政復古の1814年から1830年の間に、ロマン主義的な崇拝の念をもって、アントワネットのイメージは出回っていった。

その後、アントワネットへの憧れがもっとも高まったのは、フランス第2帝政期においてであった。てであった。フランス第2帝政期は、１８５２年から１８７０年までの、ナポレオン・ボナパルトの甥であるナポレオン3世が統治した時期のことを指す。この時期は、いわゆる「オスマンの大改造」によるパリの大都市計画が行われたり、ボン・マルシェをかわきりにプランタンやサマリテーヌなど相次ぐデパートの誕生や、シャルル・フレデリック・ウォルトによるオートクチュールの隆盛が見られるなど、服飾史の観点から見て大変興味深い時期である。

そのような服飾史上の転換点にあるこの時期に、パリ・モードにおいては、一種の懐古趣味とも受け止められる「ロココ趣味」が見受けられ、なかでも、アントワネットに対する大きな関心の高まりを、当時の最新モードの中に認めることができるのである。

フランス19世紀は、フランス革命による貴族社会の否定から始まったが、１８１４年に始まる復古王政から１８３０年代の七月王政期など、繰り返し、過去の旧体制（つまりアンシャン・レジーム）の時期を懐かしむ、あるいは、それらの復活を求める気運が高まる時期が現れる。これらの時期には、政治的にも文化的にも旧体制を復権させようとする動きがあった。18世紀の文学や美術の復権と見直しは七月王政のときに始まったと言われ[*10]、たとえば、社交界における種々の礼儀作法についても、旧体制のものがそのまま復活するようなこともあった。[11] このような19世紀における前世紀を懐かしむ風潮は、本書の中で何度も登場しているゴンクール兄弟が、類まれなる熱意を持って次々と執筆した一連の18世紀研究の著作の刊行にも、その一端をうかがい知ることができる。[12] 彼らも第2帝政期を生きた人々であり、この時期が特に18世紀を憧憬する意識や風潮が見られた顕著な時代であったのは、実はよく知られていることでもある。[13]

具体的には、18世紀の美術様式やスタイルを模倣するような趣味、特に装飾芸術に顕著に見られた。[14] この時期の家具調度品は、独特の復古趣味的な造形がなされており、それらは、「ルイ15世様式（Style Louis XV）」「ルイ16世様式（Style Louis XVI）」などという言葉で形容されていた。[15] もちろん、服飾における「ロココ趣味」つまり18世紀を懐古する好みについても、すでに研究者によって指摘されている。たとえば、『フランスの衣裳』（1996年）では第2帝政期の解説の冒頭で次のように記している。

早くもルイ・フィリップ治世の後半以降、18世紀の影響は、装飾芸術における、「ルイ15世様式」に触発された「ポンパドール様式」から、皇妃ウジェニーのマリー・アントワネットへの情熱によって「ルイ16世–皇妃様式」までを誕生させていた。この影響は服飾にも同様に現れ、ヴィンターハルターとドゥビュフェによって描かれた肖像画や、モード雑誌のファッション・プレートや、コント・カリクスト、ジュール・ダヴィド、エロイーズ・ルロワールやアナイス・トゥードゥーズのような素晴らしいイラストレーターの作品のおかげでその変遷を追うことができる。[*16]

しかし、概説書の中でこのように指摘されることはあるものの、モードへの18世紀の影響については、まだ明らかではない部分が残されている。

そこでこの最終章の最後に、第2帝政期に見られたパリ・モードにおける18世紀の影響の具体的な実態について、特に、アントワネットの存在が、どのように第2帝政期のモードに影響を与えたのか、同時代のモード雑誌を主な史料として、述べていくことにしよう。

扱うモード雑誌は、*La mode illustrée* である。*La mode illustrée* は1860年から1937年まで刊行され、初期はちょうど第2帝政期に重なっており、同時代のデパートの広告などが頻繁に掲載され、衣服の型紙や、カラフルなファッション・プレートも挟まっているなど、当時大変人気のあったモード雑誌として知られている。読者層は主に中流階級から上流階級であると思われ、まさしく19世紀の新興ブルジョワ家庭の夫人や娘たちに好まれた雑誌であった。また、毎週日曜日に刊行され、発行部数も10万部にのぼったと言われており、19世紀を代表するモード雑誌であったのは間違いない。[*17] 具体的には *La mode* *illustrée*の１８６０年から１８７０年までのおよそ10年間の刊行雑誌を紐解いてみたい。

皇妃ウジェニーとパリ・モード

はじめに、第2帝政期のパリ・モードに、皇帝ナポレオン３世妃ウジェニーの少なからぬ影響が見られたことについて簡単に述べておこう。

服飾史の中で、皇妃ウジェニーについて言及されるのは、多くはシャルル・フレデリック・ウォルトとの関係においてである。ウォルトはウジェニーの夜会服などをデザインすることによって、皇妃の庇護を受け、デザイナーとしての地位を確立したと解説されることが多い。[*18]

たしかに、ウジェニーは同時代において、一時的にファッション・リーダー的な存在になっていたように見受けられる。というのも、当時のモード雑誌*La mode illustrée*を見ると、１８６０年代前半において、しばしば「Eugénie」の名前のついた服飾が見られるからである。たとえば、*La mode illustrée*の１８６３年10月26日号には「マント・ウジェニー」、１８６４年1月3日号には「フィシュ・ウジェニー」、同年9月25日号には「パル

図4:〈皇妃ウジェニー
(ウージェニー・ド・モンティホ、1826−1920)〉
フランツ・グザビエ・ヴィンターハルター、1854年

ト・ウジェニー」という具合である。フィシュは17世紀頃から女性が用いていた肩掛けであり、パルトは19世紀の女性がよく身につけていた外套で、多くは既製服の形で売られていたものである。

また、皇妃だけではなく、1861年2月2日号では、ナポレオン3世夫妻が当時の最新のモードに身を包んでいる様子が、舞踏会の情景の中で描かれている。これは当時、皇帝夫妻の写真や絵画が多く出回っていたこととも関係するのかもしれないが、美しい皇妃の姿は、それだけで新しいモードの牽引者として憧れの対象となる存在であったのだろう。

このように、18世紀における王妃アントワネットと同様に、皇妃ウジェニーも同時代のパリ・モードにおいて確かな影響力を持っていた。

ウジェニーの憧れ

皇妃ウジェニーは、「ロココの女王」である故アントワネットに、異常なまでに心酔していた。そして、自ら彼女の遺品を集めたり、アントワネットの扮装もしていたという。[*19]

19世紀中葉にヨーロッパの多くの王侯貴族の肖像画を残した、画家ヴィンターハルターの絵画からもそのことはうかがい知ることができる。つまり彼は、有名な〈侍女に囲まれたウジェニー皇妃の肖像〉（１８５５年）をはじめ、ウジェニーの姿を少なくとも９枚は描いており、１８５４年には18世紀の貴婦人の姿に仮装しているウジェニーの肖像画も描いている。図４がそれで、この肖像画は、〈マリー・アントワネットの姿をした皇妃ウジェニー〉というタイトルがつけられたり、[20]〈18世紀の衣裳を身につけた皇妃ウジェニー〉というタイトルがつけられることもあり、[21]絵画のタイトルはその時々の解釈によって異なるようである。しかし、所蔵元であるニューヨークのメトロポリタン美術館では、この肖像画のタイトルをシンプルに〈皇妃ウジェニー〉〈The Empress Eugénie（Eugénie de Montijo, 1826–1920, Condesa de Teba）〉とのみ記している。

いずれにしても、ウジェニーが、アントワネットに思いを馳せながら、18世紀のドレス姿を楽しんでいたのは確かである。そして、ヴィンターハルターがこの肖像画を描くために撮らせたものとはいえ、肖像画と同じ格好をしたウジェニーの写真も現存している。[22]

フランス史上最大の悲劇の王妃に心酔するウジェニーの様子は、当時の人の目には心配に思われるものでもあったようだが、ウジェニーのアントワネットへの憧れは大変強いものであり続けた。[23]

そのようなウジェニーの想いの結晶と言ってもよいのが、１８６７年のパリ万博（会期は4月1日から11月3日）の際に開催されたアントワネットとルイ16世に関する展覧会である。この展覧会の前に、ウジェニーは、荒れ果てたプチ・トリアノンを原状復帰させることに力を注いでいた。１８６７年のパリ万博の出展者数は延べ5万２２００人（団体）にのぼり、来場者は１１００万人から１５００万人にのぼったとされている。[*24] アントワネットの回顧展は、ウジェニーが主催し、内装も含めて改修されたばかりのプチ・トリアノンにて行ったものであるが、万博同様に各国の要人を中心に多くの訪問客が訪れ、成功をおさめていた。

La mode illustrée のモード欄

毎週日曜日に刊行されていたモード雑誌 *La mode illustrée* には、流行の服飾が非常に細密な版画によって、毎号美しい視覚情報として紹介されていた。それだけではなく、毎号「mode」と題する欄が設けられており、そこには、その時々のモードに関しての詳細な解説文も掲載されていた。これは、編者のエムリヌ・レイモンによる文章で、読者からの質問に答えるような形式で記されることもあったが、編者によるモード解説が展開されることのほうが多かった。このモード欄の中で、この時期のパリ・モードが18世紀のモードの模倣をしていると明言されている箇所も散見される。たとえば、1868年10月11日号には舞踏会での装いについて、以下のように記されている。

舞踏会の衣装について述べないわけにはいかない。(中略)私たちは、今後、この種の装いに、ルイ15世スタイルやルイ16世スタイルが優勢になることを見抜いている。私たちはこのモードに文句をつけることもできない。というのは、それは、太り過ぎや痩せ過ぎを覆い隠すために作られたものでもあるから。[*25]

そして、これに続く文章で、雑誌の中で頻出のフラッドリー夫人のブティックでは、昨年(つまり1867年)と同様に、この種の絹のドレスが、既製服で85フランで売られている、ということも宣伝している。

また、たとえば、当時のドレスの裾を大きく広げて見せる矯正下着のクリノリンについても、過去の時代のファウンデーション(つまりパニエ)の再来であると指摘している箇所も見受けられる。1865年3月1日号における次の文章である。

> モードは新しいものを何も作り出してはいない。（中略）私たちのアナロジーを思い出してみよう。クリノリンは決して近代の発明ではない。つまり、それは18世紀に現れていたし、17世紀や16世紀にさえ認めることができるのである。[*26]

このように、*La mode illustrée* ではクリノリンの起源を17世紀や16世紀にもあると指摘しているが、ウジェニーの宮廷女官であったカレット夫人は回想録の中で、クリノリンの発想源は、ルイ16世時代のパニエであるとしている。[*27]

したがって、*La mode illustrée* では、明らかに第2帝政期のパリ・モードに過去の要素、とりわけ18世紀の要素があることを認めている。このような18世紀の模倣は、*La mode illustrée* はじめ、カレット夫人も認めているように、人々が充分に自覚的に行っていたと理解できる。

18世紀を懐古するモード

このように、たしかにこの時期のパリ・モードは18世紀のモードの再来のような趣を呈していたのだが、具体的にはどのような服飾が18世紀を思い起こさせるものとして取り上げられていたのだろうか。

La mode illustrée の中で、18世紀を模倣したモードとして取り上げられていたものには、いくつかの歴史上の人物などの固有名詞をともなったものが存在する。

たとえば、1863年3月23日号には「フィシュ・シュザンヌ（シュザンヌ風肩掛け）」、同年10月19日号には「マント・ポンパドール（ポンパドール風マント）」、1866年5月20日号には「シャポー・パメラ（パメラ帽）」や同年7月8日号には「シャポー・ランバル（ランバル帽）」、また同年8月5日号には「ヴェール・ランバル（ランバル風ヴェール）」、1868年4月5日号には「シャポー・ポンパドール（ポンパドール帽）」などという具合である。シュザンヌは、ボーマルシェの喜劇『フィガロの結婚』（1784年）の女主人公の名前であり、ポンパドールはルイ15世の愛妾のポンパドール夫人の名前、パメラはサミュエル・リチャードソンの1740年に刊行された小説『パメラ』の主人公であり、ランバルはアントワネットの女官長を務めたランバル公妃マリー・テレーズのことを指している。

なかでも、繰り返し登場したのは、18世紀絵画の巨匠アントワーヌ・ヴァトー（1684―1721）の名前を冠した服飾であった。たとえば、1861年1月26日号に子ども

図5：ヴァトー風部屋着、1869年3月21日号

図6：ローブ・マリー・アントワネット、1868年2月2日号

の仮装服として「コスチューム・ド・ペイザンヌ・ヴァトー（ヴァトーの田舎風衣裳）」というものが掲載されたのを皮切りに、同年9月10日号には「ペニョワール・ヴァトー（ヴァトー風化粧着）」、1866年10月28日号には「ローブ・ド・シャンブル・ヴァトー（ヴァトー風部屋着）」、1868年7月26日号には「パルト・ヴァトー（ヴァトー風パルト）」、1869年1月24日号には「コスチューム・ヴァトー（ヴァトー風衣裳）」、同年2月4日号には「チュニック・ヴァトー（ヴァトー風チュニック）」という具合にさまざまな形で続出している。

もっとも多かったのは、部屋着の形態をとったものであった。上述のペニョワールも部屋着の一種である。ヴァトーの名前がついた部屋着には、上述の1866年のもののほか、1869年3月21日号の表紙に掲載された「ローブ・ド・シャンブル・ヴァトー（ヴァトー風部屋着）」もある（図5）。

以上のような18世紀に生きていた実在の人物の名前がついた服飾の事例は、第2帝政期のパリ・モードにおける「ロココ趣味」の明らかな証にほかならない。

マリー・アントワネットの肩掛け《フィシュ》

そして、なんといっても、この時期には、マリー・アントワネットの名前を冠した服飾の事例が多数見られたのであった。それは一時的かつ熱狂的な大流行であった点においても興味深いものがある。

La mode illustrée において、マリー・アントワネットの名前を使った服飾が急増した時期は、１８６８年である。この年に至るまでは、マリー・アントワネットの名前を持つ服飾の事例は、１年のうちに1件か2件くらいコンスタントに見られる程度であった。しかし、１８６８年になってからは、急に件数が増え、1年間でおよそ15件掲載された。同じ号の中に複数掲載されたり、ほぼ毎号のように続くときもあった。

La mode illustrée に掲載される服飾は、このような固有名詞をともなうことは実はかなり少ない。多くは単なるrobe《ローブ》とかpartot《パルト》とかの服飾用語で記されるのみなので、上述のランバル夫人やアントワーヌ・ヴァトーの名前や、マリー・アントワネットの名前がついているのは、かなり目をひくのである。

マリー・アントワネットの名前がついた服飾の初出は、1861年5月11日号の、花嫁の髪型の図に見られた「フリゼット」という髪飾りであった。その後、1863年3月23日号に文字のみの掲載であるが「フィシュ・マリー・アントワネット」、1864年5月1日号には「プリス・マリー・アントワネット」が型紙付きで登場し（Pelisseとはケープ状の上衣のこと）、1865年1月15日号には「コワフュール・マリー・アントワネット」という髪型が、当時大変人気を誇った美容師クロワザ（M. Coroisat）の考案のものとして登場した。1868年以前のマリー・アントワネットの名前のついた服飾は以上の通りであるが、それぞれが特に際立った流行を生んでいたかどうかはわからない。

しかし、1868年になると一変する。マリー・アントワネットの名前のついた服飾の最初のものは、1868年2月2日号の表紙に描かれた「ローブ・マリー・アントワネット」である（図6）。表紙に使われたことから見ても、その注目度がうかがわれる。おそらく18世紀のローブ・ア・ラ・フランセーズを模したドレスであり、特に袖口のレース飾りを重ねたアンガジャントの様子は18世紀の袖の形状と同じ形になっている。実は、1868年以前にも、ローブ・ア・ラ・フランセーズを模したローブは見られるものの、マリー・アントワネットの名前はつけられていない。つまり、すでに存在していた18世紀風のドレスに、あらたにマリー・アントワネットの名前をつけたのではないかとも考えられる。

COIFFURE MARIE-ANTOINETTE, DE CHEZ M. CROISAT, RUE MÉNARS, 2.

図7：マリー・アントワネット風髪型、
美容師クロワザの店のもの、1868年2月2日号

PALETOT ANTOINETTE.

図8：パルト・マリー・アントワネット、
1868年5月4日号。パルトとは、
19世紀に流行ったコートのこと

CHAPEAU MARIE-ANTOINETTE.

図9：マリー・アントワネット帽、
帽子屋マダム・オーベールの店のもの。
1868年4月26日号

1868年2月2日号の「ローブ・マリー・アントワネット」の後、*La mode illustrée* では、この1年間に、何度も繰り返し、さまざまなマリー・アントワネットの名前がついたものが出てくる。たとえば、同じ2月2日号の「フィシュ・マリー・アントワネット」、同号には「コワフュール・マリー・アントワネット（マリー・アントワネット風髪型）」（図7）、3月1日号と3月15日号にも「フィシュ・マリー・アントワネット」、4月5日号には「パルト・マリー・アントワネット」（図8）、同号で「シャポー・マリー・アントワネット（マリー・アントワネット帽）」（図9）、7月5日号には「ローブ・アベク・マントレ・マリー・アントワネット（マリー・アントワネット風マントレ付きドレス）」（図10）、さらに、7月26日号にも「フィシュ・マリー・アントワネット」が登場するという具合である。

もっとも多いのは、上述の通り、フランス語ではFichuと呼ばれる「肩掛け」であった。同じ号で複数の「フィシュ・マリー・アントワネット」が掲載されることもあり、たとえば、2月2日号には3図掲載されている。ひとつは図11のフィシュで、大人の女性用の「フィシュ・マリー・アントワネット」を右向きと正面から描いたもの、図12は10歳から12歳くらいまでの少女用の「フィシュ・マリー・アントワネット」である。少女服としてもこのようなフィシュが用いられるほどの人気がうかがえる。

また、別の形状のものもあり、たとえば、3月1日号では、図13のようにかなり長めの

une application directe et personnelle. Essayez, — je ne dirai pas même de faire supporter des privations ou des peines réelles à ces
personnes si complétement détachées des biens de ce monde en ce qui concerne leur prochain, — essayez seulement de ne point ap-
ROBE AVEC MANTELET MARIE-ANTOINETTE.

図10：マリー・アントワネット風マントレ付きドレス、
1868年7月5日号

FICHU MARIE-ANTOINETTE.
(Modèle de chez Mme Fladry, rue du Faubourg-Poissonnière, 27.)
FICHU MARIE-ANTOINETTE.
(Explication sur la planche de patrons.)

図11：フィシュ・マリー・アントワネット、
1868年2月2日号

図12：10歳から12歳の少女用の
フィシュ・マリー・アントワネットのついた上衣
（型紙に説明付き）、1868年2月2日号

図13：フィシュ・マリー・アントワネット、
1868年3月1日号

フィシュ・マリー・アントワネットが掲載されており、これは、前方で交差して、背面でも軽く交差しリボンのように一重に結んでいるタイプのフィシュである。左図はデコルテが開いたタイプのフィシュで、右図は黒いレースのフィシュと説明がついている。黒いレースはおそらくシャンティ・レースで、皇妃ウジェニーがスペイン出身であることもあって流行したレースであった。

そして、このようなマリー・アントワネットの名前のついた服飾に関して、注目すべき点は、これらがほぼすべてコンフェクション（既製服）であったということである。たとえば、1868年2月2日号掲載の図11のフィシュに関しては、左の横向きの図に関して「Modèle de chez Mme Fladry, rue du Faubourg-Poissonniére, 22」と記してあり、右の正面図に関しては、「Explication sur la planche de patrons」と記してある。これはつまり、左図に関しては、「フォーブール・ポワソニエール通り22番地のフラッドリー夫人のブティックのモデル」ということであり、右図では、「型紙に解説あり」と記されているのである。つまり、このフィシュについてはその型紙も雑誌に折りこまれていた。ほかにも、1868年4月5日号に掲載の「パルト・マリー・アントワネット」については、「confections de chez Mme Fladry」との説明が記されており、やはり、当時大変人気のあったフラッドリー夫人のブティックで売られていた既製服であった、ということが明記されている。

コンフェクションとして販売されていたこれらのマリー・アントワネットの名前のついた服飾は、おそらく多くの人々にとって、実際に手に取り身につけ易いものであろうから、広範に流布したものと想像できる。同時に、型紙も雑誌に折りこまれていたものであるから、商品を買い求めることができなくとも、自分で仕立てたり、作ったりすることもできたろう。1868年3月15日号の「フィシュ・マリー・アントワネット」のように、次号で型紙を折りこみ、そこで解説を行う、とわざわざ記しているものさえ存在している。毎週発行されていた雑誌であり、編集側に型紙と説明文を載せる時間的余裕がなかったのかもしれない。

このようなことから、マリー・アントワネットの名前をともなった服飾が、1868年を中心に大変な流行を生んでいたと言える。

プチ・トリアノンでの展覧会

以上のようなマリー・アントワネットの名前のついた服飾の流行の背景にあるのは、上で述べたように、流行の前年である1867年に実施されたプチ・トリアノンでの展覧会であろうと思われる。本展覧会のカタログによると、144点の展示品があり、そのうち、9点がマリー・アントワネットの肖像画であった。[*28]

展覧会の展示は、まず入り口から入ってすぐの玄関の階段部から始まり、その次に控えの間があり、そこに、3点の大きなアントワネットの肖像画が展示されていた。つまり、展覧会冒頭にある3点のアントワネットの肖像画はこの展覧会全体を印象づける重要な作品であったと思われる。この3点のアントワネットの肖像画は、2点がルブランによるもの、1点はヴァットムッレルによるものであった。

まずカタログ番号9は、ヴァットムッレルによる肖像画〈トリアノン宮の庭にいるマリー・アントワネットとマダム・ロワイヤルと王太子〉（図14、ただし図14はヴァットムッレルの作品を模写したもの）であり、カタログ番号13は、ルブランの1788年の肖像画〈マリー・アントワネットと子どもたち〉（図15）であった。これらは、いずれも、母子像として描かれた作品である。おそらく多くの人々が想像していたかもしれない、流行に敏感で享楽的なアントワネットの姿ではなく、このような、聖母子像にも重なるかのような肖像画に、[*29] 19世紀の人々は感銘を受けたであろうと想像される。

そして、残る2枚目のルブランによるアントワネットの肖像画は、カタログ番号8と記されているものであるが、すこし確定をするのが難しい。というのも、展覧会カタログでは１７８６年のものとしか記されていないのである。可能性として考えられるのは、〈書を読むマリー・アントワネット妃〉（図16）で、この制作年に関しては、２通りの解釈が存在している。ひとつは、１７８５年というもの、もうひとつは１７７８年というものである。１７８５年であれば、展覧会カタログと1年違いではあるもののほぼ一致するのだが、ルブランの作品目録（カタログ・レゾネ）においては、１７７８年と記されている。[*30]しかし、この作品は、実は１７８５年に制作されていたのだが、絵に制作年が記されておらず、後年になってから制作年が書き足され、そのときに誤って１７７８年としたのだという説が存在している。[*31]この説が正しいのであれば、１７８５年の作品と考えられるため、カタログに記されている制作年と1年違いではあるが、３枚目のアントワネットの肖像画は、この〈書を読むマリー・アントワネット妃〉が該当すると推定される。

いずれにしても、この3枚の肖像画を見ると、白い肩掛けのフィシュをまとっているようにも見える。１８６８年に流行するアントワネットのフィシュは、これらの肖像画のフィシュを模倣したのではないかとも考えられる。特に、単身像である「書を読む」絵は、カタログ・レゾネにおいても、「フィシュを身につけている」と記されており、[*32]そのような意味でも、この肖像画が展示されたものと同定するのが妥当であると考えてみたくなる。

図14：〈トリアノン宮の庭にいる
マリー・アントワネットと
マダム・ロワイヤルと
王太子〉ウジェーヌ・バタイユ
（アドルフ・ユルリク・ヴァットムッレルの
作品の模写）、1867年－1868年

図15：〈マリー・アントワネットと子どもたち〉
ルブラン、1787年

そして、このような絵画に描かれているフィシュが、１８６８年の一連のアントワネットのフィシュの流行として出回ったのではないかと考えられる。しかし、絵画の中でアントワネットが実際に身につけているフィシュは、*La mode illustrée* のものとは形状が異なるようにも思われる。つまり、*La mode illustrée* のものは、腰より下のあたりまで届く長さがあり、胸元のあたりで交差して身につけているものであるからである。

しかし、実は18世紀後半のパリにおいて、このような長くて前面で交差をするタイプのフィシュは流行していた。18世紀の女性は、子どもを含めて、胸元を白い薄手のフィシュで覆っていることが多かったこともわかっている。それらは、白い薄手の綿モスリンや麻か亜麻に白糸刺繡をした簡素なものであった。そして、１７８０年代から次第に大型になり、胸の前で交差させて背面で結ぶ方法が流行していた。[*33] すでに述べたように、アントワネットがエロフ夫人から購入した服飾の中にも、フィシュが頻出していた。

またダラス美術館所蔵のJ-A-T・ジルースト作〈Le princesse Adelaïde d'orléans pregnant une lecons de harpe avec Mme de Genlis〉(vers 1789) の真ん中の皇女のフィシュも同様の交差したものである。服飾史家フランソワ・ブーシェによれば、これは「鞘型ローブ (Robe Fourreau)」と呼ばれたローブの一部で、子ども用のものであり、上半身を大きなリボンで交差して背中で結ぶことによって、コルセットもパニエもない衣服をしっかり固定させたものであったらしい。[34]このローブとリボンの結び方、およびフィシュの扱い方は、１７８０年代のアントワネットやその周辺の友人たちが、白いモスリンのドレスを着ていたときの様子に大変よく似通っている。

したがって、これと同じタイプのものが、19世紀に流行したのではないだろうか。アントワネットが実際に身につけていたフィシュと同じ形態かどうかはともかく、18世紀のフィシュを模倣したフィシュが、19世紀、より厳密に言うならば１８６８年に大流行していて、マリー・アントワネットの名前を冠して、出回っていたのであった。

永遠の王妃

このように、１８６７年のプチ・トリアノンでの展覧会の後に、アントワネットの名前のついた服飾が際立って多くモード雑誌に掲載され、流行したことは明らかである。１８６７年には関連する服飾は見られず、それ以前には、時折散見される程度であるにもかかわらず、１８６８年には圧倒的に掲載数が多く、１８６９年には沈静化する。それゆえに、展覧会の影響は明らかにあると思われ、マリー・アントワネットの名前のついた服飾の流行は、主に1868年に固有のものであったのであろう。ただし、アントワネットの名前がついた服飾の図像を検討すると、実際にアントワネットが身につけていた服飾と同じ型のものかどうかは、判断が難しいもののほうが多い。むしろ、18世紀の服飾を模倣した服飾品が、マリー・アントワネットの名前をともなって、雑誌に掲載されていたと考えるほうが妥当かもしれない。さらに、18世紀に実在していない、19世紀ならではの服飾品(たとえば、パルト)にも、当時注目を集めたアントワネットの名前をつけることによって、商品価値を高める効果があったのではないかとも考えられる。いずれにせよ、それらのきっかけとして、前年の展覧会の成功があり、アントワネットが当時の人々に憧れの気持ちを抱かせる存在になっていたことが、背景としてあったのはたしかである。

かつて、たしかに仮面舞踏会などで市民のそばに寄ってくることはあったとしても、アンシャン・レジームの頂きに位置する雲の上の殿上人であったアントワネット、その彼女を思い起こさせる服飾が、彼女の死後だいぶたってから、こうして一般市民に、熱狂的に流行して、普通に身につけられるようになっていたのは大変感慨深いものがある。

皇妃ウジェニーの王妃マリー・アントワネットへの憧れは、一部の社会の頂点に位置する上流階級だけのものにとどまったのではなく、中流階級の手の届く趣味になっていた。第2帝政期のロココ趣味、そして、アントワネットへの憧れは、デパートで買い物をした

図16:〈書を読むマリー・アントワネット妃〉
ルブラン、1785年

り、雑誌を購入して裁縫することができる、普通の人たちにまで浸透していたのである。

第2帝政期の服飾には18世紀を思い起こさせる固有名詞が付随することが多かったが、その中でも際立っていたのが、王妃マリー・アントワネットの名前であった。いっぽう、同時期の調度品などには、「ルイ16世スタイル」などのように夫ルイの名前も用いられていた。彼らの名前にこそ、第2帝政期の人々は、失われた過ぎ去った遠い日々への憧れの思いを、投影させることができたのであろう。

そして、このときのアントワネットのイメージは、幼い子どもたちを愛し、大切に育てていた理想的な母親像としての姿であり、また書を読む知的な王妃像でもあった。このようにして、アントワネットに対する、理想の女性像、人々が憧れの対象とするイメージが、死後に醸成されていったと考えられる。そのような経緯を経て、永遠のアイコン、永遠の王妃としてのアントワネットが、私たちの心に深く刻まれていくことになった。

18世紀において、生前の王妃マリー・アントワネットは、誰もが憧れる、押しも押されもせぬファッション・リーダーであった。死後においてもなお、生前に万華鏡のようにくるくると異なる姿を見せたアントワネットの実像の中から、その時代の人々にとって理想的な側面が抽出されて、憧れの対象として復活し、モードに影響を及ぼしていた。アントワネットは、さまざまな表情を、さまざまな女性像を、わたしたちに想起させてくれる。

そのことが今もなお、そして、もしかするとこれからもなお、アントワネットがモードを牽引していく、永遠のアイコンであり続ける理由と言えるのかもしれない。

注・参考文献

第一章　銀色の花嫁衣裳――異国へ嫁ぐ日

＊1　Hélène Delalex, *Un jour avec Marie-Antoinette*, Flammarion, Paris, 2015, p. 26.

＊2　エレーヌ・ドラレクス『麗しのマリー・アントワネット　ヴェルサイユ宮殿での日々』ダコスタ吉村花子訳、グラフィック社、２０１６年、26―29頁。

＊3　*Correspondance secrète entre Marie Thérèse et le C*[TE] *de Mercy-Argenteau avec Les Lettres de Marie-Thérèse et de Marie-Antoinette*, Paris, Firmin Didot Frères, 1874, tome 1, p.105.　１７７０年12月2日のマリア・テレジアからマリー・アントワネットへの手紙より。24頁。

＊4　Antoine Furetière, *Le Dictionnaire universel d'Antoine Furetière* (1690), Paris, Le Robert, 1984, non pagination, «linge».

＊5　*Ibid.*, non pagination, «linge».

＊6　Alfred Franklin, *Dictionnaire historique des arts, métiers et professions exercées dans Paris depuis le XIIIe siècle* (1905–1906), Laffitte Reprints, Marseille, 1987, tome 1, p. 300, «empeseuse»［以下ではFranklin, *Dictionnaire historique*と略す］.

＊7　Jacques Savary des Brûlons, *Dictionnaire universel de commerce*, Jacques Estienne, Paris, 1723, tome 2, pp. 548–549; Franklin, *Dictionnaire historique*, t.2, p.437 にもこの部分が引用されている。アルドゥアン・フジエらの『織物辞典』によれば、「ズック布」treillisとは、カバンや農民服や労働着に用いられた麻の粗布のことを指す（Élisabeth Hardouin-Fugier et al., *Les Étoffes : dictionnaire historique*, Les Éditions de l'Amateur, Paris, 1994, pp. 384–385）。

＊8　Franklin, *ibid.*, t. 2, pp. 435–437, «lingère» Franklin の注は Delamare, *Traité de la Police*, Amsterdam, 1729, t. 1, p.125 によるとしているが、このページに該当箇所はない。

＊9　M. de Garsault, *L'Art de la Lingère*, De L'Imprimerie de L. F. Delatour, Paris, 1771.

＊10　M. de Garsault, *ibid.*, p. 9. ここでいう白い亜麻糸レースは、ニードル・ポイントもボビン・レースも含む。

＊11　Savary, *op. cit.*, tome 1, p. 1677, «Dentelle ou Passement».

＊12　床屋道具入れあるいは櫛入れのバザン織りは亜麻糸と綿糸の綾織物。Trayesは不明。Troyesであれば地名。

＊13　Malineはベルギーの主たるレース産地のひとつ、ゆえにベルギーレースということ。

＊14　rang はレースやトワルが重なっていることを指す用語。M. de Garsault, *op. cit.*, p. 23 参照。

＊15　entoilage はレースの縁取りのことを指す用語。大きい場合は4プス、普通は2プス程度の幅のレースであった。*Ibid.*, p. 23.

＊16　M. de Garsault, *op. cit.*, pp. 10–12.

＊17　Amadis は袖の種類。キノーとリュリによる１６８４年の音楽悲劇の中で、アマディ役の役者が身につけた衣服にちなむ。ぴったりとした袖で、手首のところがボ

タン締めになっており、流行したものである。Maurice Leloire, *Dictionnaire du Costume et de ses accessoires, des Armes et des Étoffes des origines à nos jours*(1951), Paris, Gründ, 1992, p. 5を参照。

＊18 *Le Dictionnaire de l'Académie Française*(1718), Genève, Slatkine Reprints, 1994, tome II, p. 690, «testiere».

＊19 brasは袖と訳してよいのかどうか不明。

＊20 tavayolleは子どもを洗礼させるときに体をくるむ布のこと。メルシエ『十八世紀パリ生活誌　タブロー・ド・パリ（上）』原宏編訳、岩波文庫、１９８９年、３３５頁参照。しかしtavayolleはレースでできたもの、あるいはレースの束のことも言う。*Le Dictionnaire de l'Académie Française, op. cit.* (1718), tome II, p. 666, «tavayolle».

＊21 M. de Garsault, *op. cit.*, pp. 10–12.

＊22 *Gazette de France* du vendredi 11 Mai 1770.

＊23 ジャン＝クロード・ボローニュ『羞恥の歴史　人はなぜ性器を隠すか』大矢タカヤス訳、筑摩書房、１９９４年、１４９頁。

＊24 Michel Fleury (sous la direction de), *Almanach de Paris, premier volume : des origines à 1788*, Paris, Encyclopædia Universalis France S. A., 1990, p. 274.

＊25 Procès-verbaux de levée de cadavre（以下ではPVLCと略記する）, Archives Nationales, 請求番号Y15707.

＊26 Françoise Bayard, «Au cœur de l'intime: Les poches des cadavres. Lyon, Lyonnais, Beaujolais(XVIIe–XVIIIe siècles)», in *Bulletin du Centre d'histoire économique et sociale de la Région Lyonnaise*, No. 2, C. N. R. S., Lyon, 1989.

＊27 拙稿「18世紀パリ、リヨン、ボジョレにおけるchemiseの着用状況―清潔論再考―」『人間文化論叢』第９巻、１９９５年参照。従来、16―18世紀の清潔の観念にchemiseに代表される白いリネン類が不可欠であるとされてきたが、当時の人々の衣生活の中で、実際どのくらいchemiseが着用されていたのかをパリ、リヨン、ボジョレの遺体調書をもとに分析した。その結果、chemiseを身につけず、その他の衣服を肌身につけていた人々が多数いたことがわかった。そのような外衣の中に女性の場合、マント・ド・リが見られる。

＊28 Diderot & D'Alembert, *L'Encyclopédie, ou Dictionnaire raisonné des sciences, des arts et des métiers, compact edition, Recueil de Planches, sur les Sciences, les Arts Libéraux, et les Arts Mécaniques, avec leur Explication*, volume IV, Paris chez Briasson(1762), New York, Readex Microprint Corporation, 1969, p. 1117.

＊29 PVLC, Y15707. N°. 18, N°. 21.

＊30 *Ibid.*, No. 45.

＊31 Émile Littré, *Dictionnaire de la langue française*, Paris, Librairie Hachette, 1881–82. étuiの項目。

＊32 ノルベルト・エリアス『文明化の過程（上）ヨーロッパ上流階層の風俗の変遷』赤井慧爾、中村元保、吉田正勝訳、法政大学出版局、１９７７年、１９７―２７２頁。

＊33 Diderot & D'Alembert, *op. cit.*, p. 848.

＊34 ミシェル・ペロー編『女性史は可能か（新版）』杉村和子、志賀亮一監訳、藤原書店、２００１年、アニエス・フィーヌ「嫁入り道具は女性固有の文化か?」２４３―３０４頁。

＊35 Alfred Franklin, *Dictionnaire historique*, tome 2, 1987, pp. 435–437. M. de Garsault, *L'Art de la Lingère*, De

L'imprimerie de L. F. Delatour, 1771.

＊36 Diderot & D'Alembert , *op. cit.*, p. 1122.

＊37 ミシェル・ペロー編、前掲書、２７０—２７７頁。

＊38 同、２７０—２７１頁。

＊39 ジョルジュ・デュビィ、ミシェル・ペロー監修『女の歴史Ⅲ　16—18世紀１』杉村和子、志賀亮一監訳、藤原書店、１９９５年、68頁。

＊40 同、１５８—２０５頁。

＊41 F. Bayard, *op. cit.*

＊42 *Ibid.*

＊43 ジョルジュ・デュビィ、ミシェル・ペロー監修、前掲書、１５８—２０５頁。

第二章　ヴェルサイユの装い——宮廷《グラン》衣裳《ダビ》・乗馬服・髪型

＊１ パウル・クリストフ編『マリー・アントワネットとマリア・テレジア　秘密の往復書簡』藤川芳朗訳、岩波書店、２００２年、16頁。

＊２ シュテファン・ツワイク『マリー・アントワネット（上）』高橋禎二、秋山英夫訳、岩波文庫、１９９０年、１５２—１５３頁。

＊３ 安成英樹「フランス絶対王政期における官職売買制度の展開とその再検討」平成16年度〜平成18年度科学研究費補助金（基盤研究〈C〉）研究成果報告書、平成19年３月、22頁参照。

＊４ Madame Campan, *Mémoires sur la vie de privée, Marie-Antoinette, reine de France et de Navarre : suivis de souvenirs et anecdotes historiques sur les règnes de Louis XIV, de Louis XV et de Louis XVI*, Paris, Firmin Didot Frères, 1849, p. 98.

＊５ パウル・クリストフ編、前掲書、20頁。

＊６ *La mécanique des dessous, une histoire indiscrète de la silhouette*, Saint-Just-la-Pendue, Ch rat, 2013, pp. 131–132.

＊７ Maupoint, *Bibliothèque des théâtres. contenant le catalogue alphabétique des pièces dramatiques et opéra, le nom des auteurs et le temps de la représentation de ces pièces, avec des anecdotes sur les auteurs et sur la plupart des pièces contenues en ce recueil ...*, 1733, p. 234; Émile de la Bédollière, *Histoire de la mode en France*, 1858, p. 111.

＊８ Émile de la Bédollière, *ibid.*, p. 107, pp. 114–115.

＊９ Madeleine Delpierre, *Se vêtir au XVIIIe siècle*, Paris, Adam Biro, 1996, p. 28.

＊10 Madame de Genlis, *De l'esprit des étiquettes* (1885), Paris, Mercure de France, 1996, p. 105.

＊11 エドモン・ド・ゴンクール、ジュール・ド・ゴンクール『ゴンクール兄弟の見た18世紀の女性』鈴木豊訳、平凡社、１９９４年、３１３頁。

＊12 ジャン＝クロード・ボローニュ、前掲書、40—43頁。

＊13 *Mémoires sur Voltaire, et sur ses ouvrages par Longchamp et Wagnière, ses secrétaires ; suivis de divers écrits...*, Paris, 1826, vol. 2, pp. 119–120

＊14 *Ibid.*, pp. 119–120.

＊15 シュテファン・ツワイク、前掲書、１５３頁。

＊16 Mathieu da Vinha, *Dans la garde-robe de Marie-Antoinette*, Gand, presses de Graphius, 2018, p. 30.

＊17 *Ibid.*, p. 34.

＊18 *Ibid.*, p. 34.
＊19 *Ibid.*, p. 32.
＊20 *Ibid.*, p. 36.
＊21 *Gazette des atours de Marie-Antoinette, Garde-robe des atours de la reine, Gazette pour l'année 1782*, Paris, Réunion des musées nationaux-Archives nationales, 2006.
＊22 *Ibid.*, p. 6.
＊23 ミシェル・サポリ『ローズ・ベルタン　マリー＝アントワネットのモード大臣』北浦春香訳、白水社、２０１２年など。
＊24 Le Comte de Reiset, *Modes et Usages au temps de Marie-Antoinette, Livre-journal de madame Éloffe, marchande de modes, couturière lingère ordinaire de la reine et des dames de sa cour*, tome premier, 1787–1790, Paris, Firmin-Didot, 1885.
＊25 *Ibid.*
＊26 角田奈歩『パリの服飾品小売とモード商　１７６０—１８３０』悠書館、２０１３年。
＊27 Franklin, Pictionnaire historique., vol. 2, p. 678.
＊28 *Ibid.*, p. 678.
＊29 *Ibid.*, vol. 1, p. 228.
＊30 『紋織の美と技　絹の都リヨンへ』文化学園服飾博物館、１９９４年、62頁。
＊31 Madeleine Delpierre, *op. cit.*, p. 62.
＊32 ジョルジュ・ヴィガレロ『清潔《きれい》になる〈私〉——身体管理の文化誌』見市雅俊監訳、同文舘出版、１９９４年、１３９—１４０頁。
＊33 パウル・クリストフ編、前掲書、１７４頁。
＊34 *Galerie des modes et costumes français, dessinés d'après nature, gravés par les plus célébres artistes en ce genre, et colorés avec le plus grand soin par Madame Le Beau*, Paris, Esnauts et Rapilly, 1778–1787.
＊35 René Colas, *Bibliographie Générale du Costume et de la Mode*, Paris, Librairie René Colas, 1933, tome 1, pp. 418–419.
＊36 パウル・クリストフ編、前掲書、23頁。１７７０年12月2日のマリア・テレジアからマリー・アントワネットへの手紙。
＊37 多くの西洋服飾史の研究書や概説書にグランダビへの言及はみられない。しかし史料を見る限り、当時の女性の「宮廷衣裳」を表す語はgrand habitである。robe à la françaiseは、そのうちのひとつである。
＊38 Mathieu da Vinha, *op. cit.*, p. 44.
＊39 Madeleine Delpierre, *op. cit.*, pp. 120–121.
＊40 この謁見の際のオーベルカンフ夫人のローブは、京都服飾文化研究財団が所蔵している。
＊41 Madeleine Delpierre, *op. cit.*, p. 121.

第三章　恋の舞台は舞踏会——仮面と靴下留め

＊1 エレーヌ・ドラレクス、前掲書、１８２頁。
＊2 Jacques Savary des Brûlons, *op. cit.*, 1723, Loupの項目。
＊3 Alfred Franklin, *La vie privée d'autrefois, arts et métiers, modes, mœurs, usages des Parisiens du XIIe au XVIIIe siècle, d'après des documents originaux ou inédits, Les magasins de nouveautés*, 1, Paris, Librairie Plon, 1894,

p. 164.
＊4 Alfed Franklin, *Dictionnaire historique* tome 2, p. 471.
＊5 *Dialogue du masque et des gants*, in *Les entretiens galans d'Aristipe et d'Axiane : contenant le Langage des Tetons, & leur panégyrique; Le dialogue du fard, et des Mouches ; D'un grand Miroir & d'un Miroir de Poche ; Du Masque & des Gands, avec plusieurs autres galanteries*, Paris, Claude Barbin, 1664.
＊6 Antoine de Courtin, *Nouveau traité de la civilité qui se pratique en France parmi les honnêtes gens*, Paris, 1671, p. 148.
＊7 Mme la comtesse de Genlis, *Dictionnaire critique et raisonné des étiquettes de la cour, des usages du monde, des amusemens, des modes, des mœurs, etc., des français, depuis la mort de Louis XIII jusquà nos jours, contenant le tableau de la cour, de la société, et de la littérature du dix-huitiéme siècle : ou l'Esprit des étiquettes et des usages anciens, comparés aux modernes*, Paris, P. Mongie, 1818, pp. 66–67.
＊8 Madame de Campan, op. cit., pp. 136–137.
＊9 エレーヌ・ドラレクス、前掲書、１６７頁。
＊10 エドモン・ド・ゴンクール、ジュール・ド・ゴンクール、前掲書、１３２―１３３頁。
＊11 Madame de Campan, *op. cit.*, pp. 165–166.
＊12 Madeleine Delpierre, *op. cit.*, p. 98.
＊13 エドモン・ド・ゴンクール、ジュール・ド・ゴンクール、前掲書、１３５頁。
＊14 Madeleine Delpierre, *op. cit.*, p. 122.
＊15 Mme la comtesse de Genlis, *Dictionnaire critique*, *op. cit.*, p. 66.
＊16 *Ibid.*, p. 66.
＊17 Pierre Rameau, *Le maître à danser, qui enseigne la manière de faire tous les différens pas de Danse*...(1725), New York, Broude, 1967, p. 60.
＊18 パウル・クリストフ編、前掲書、30頁。
＊19 エレーヌ・ドラレクス、前掲書、１６１頁。
＊20 パウル・クリストフ編、前掲書、96―97頁。
＊21 Madeleine Delpierre, *op. cit.*, p. 123.
＊22 Pierre Rameau, *op. cit.*, pp. 62–63
＊23 以上の靴に関しての記述は、以下の著書に拠るものである。Marie-Josèphe Bossan, *L'Art de la Chaussure*, New York, Parkstone Press Ltd., 2004, p. 51.
＊24 アレタンとは、エロティック小説を書いた18世紀の作家のこと。
＊25 *Gilets Brodés, modèles du XVIIIe, musée des Tissus, Lyon*, Paris, Réunion des musées nationaux, 1993, pp. 5–6.
＊26 徳井淑子『服飾の中世』勁草書房、１９９５年、１２２―１２８頁。
＊27 La Curne de Sainte-Palaye. *Mémoire sur l'ancienne chevalerie*(v. 1760), in *Glossaire Archéologique du moyen âge et de la renaissance*, par Victor Gay(1887), Paris, Kraus Reprint, 1974, «faveur».
＊28 次の辞書の中でfaveur の用例として*Perceforest*の話が引用されている。V. Gay, *ibid.* ; A. Chéruel, *Dictionnaire historique des institutions mœurs et coutumes de la France* (1870), Genève, Mégariotis Reprints, 1978.
＊29 Furetière, *op. cit.*, «faveur».
＊30 Voiture, *Œuvres de Voiture, Lettres et Poésies*, par M.

A. Ubichini (1855), Genève, Slatkine Reprints, 1967, pp. 250–251.

*31 ピエール＝オーギュスタン・カロン・ド・ボーマルシェ『フィガロの結婚』石井宏訳、新書館、１９９８年、36、62頁。

*32 Édouard Fournier, *Variétés historiques et Littéraires, recueil de pièces volantes rares et curieuses en prose et en vers*, Paris, P. Jannet, 1853–1863, t. 9, p. 16, «La Faiseuse de mouches»の注を参照。

*33 *Ibid.*, p. 11.

*34 R. P. Archange Ripaut, *L'Abomination des abominations des fausses dévotions de ce temps*, Paris, C. Cramoisy, 1632, p. 790.

*35 Christophe Leribault, *Jean-François de Troy, 1679–1752*, Paris, ARTHENA, 2002, p. 335.

*36 ラファイエット夫人『クレーヴの奥方』青柳瑞穂訳、新潮文庫、１９５６年、１８９―１９０頁。

*37 Richard Rand, *Intimate Encounters, Love and Domesticity in Eighteenth-Century France*, Princeton, Princeton University Press, 1997, pp. 104–105 ; Christophe Leribault, *op. cit.*, p. 271.

*38 靴下留めに刺繍されていた文字は次の通り。«Il ne suffit pas de plaire. Il faut aussi aimer.»

第四章　田舎暮らしへの憧れ —— モスリンのドレスと麦わら帽子

*1 Louise-Elisabeth Vigée-Lebrun, *Souvenirs de Madame Louise-Élisabethe Vigée-Lebrun*, tome 1, Paris, Charpentier, 1869, pp. 45–46.

*2 *Ibid.*, p. 46.

*3 エレーヌ・ドラレクス、前掲書、１２２頁。

*4 Vigée-Lebrun, *op. cit.*, p. 45.

*5 ルソー『エミール（下）』今野一雄訳、岩波文庫、１９７６年、31頁。

*6 Madeleine Delpierre, *op. cit.*, pp. 35–36.

*7 Vigée-Lebrun, *op. cit.*, p. 109.

*8 エドモン・ド・ゴンクール、ジュール・ド・ゴンクール、前掲書、３４２頁。

*9 ルソー『エミール（下）』、４３２頁。

*10 Charlotte-Elisabeth Orléans, *Correspondance complète de Madame Duchesse d'Orléans née Princesse Palatine, mère du Régent*, Paris, Charpentier, 1855, tome 2, pp. 319–320.

*11 拙著『モードの身体史　近世フランスの服飾にみる清潔・ふるまい・逸脱の文化』悠書館、２０１３年、２２６―２４２頁。

*12 Furetière, *op. cit.*, non pagination ; Pierre Richelet, *Dictionnaire François*(1680), Tokyo, France Tosho Reprints, 1969, tome 1, p. 465 ; Diderot & D'Alembert, *Encyclopédie*, *op. cit.*, tome I, p. 553.

*13 Diderot et al., *op. cit.*, tome IV, p. 1122.

*14 Abbé Jaubert, *Dictionnaire raisonné universel des arts et métiers, contenant l'histoire, la description, la police des fabriques et manufactures de France et des Pays étrangers*, Amable Leroy, Lyon, 1801, tome 1, pp. 264–267, «BLANCHIMENT DES TOILES».

*15 ミシェル・パストゥロー『悪魔の布　縞模様の歴史』松

村剛、松村恵理訳、白水社、１９９３年。

＊16 同書、64、70頁。

＊17 西浦麻美子「18世紀フランス・モードにおけるアングロマニーの研究」お茶の水女子大学大学院平成18年度学位論文、２０８頁。

＊18 Louis-Sébastien Mercier, *Tableau de Paris* (1783), Paris, Mercure de France, tome 2, chapitre DCCIX, p. 908.

＊19 ルソー『告白（上）』桑原武夫訳、岩波書店、１９９７年、85頁。

第五章　永遠の王妃――指輪と白い肩掛け《フィシュ》

＊1 *Ordre chronologique des Deuil de Cour, qui contient un précis de la vie et des ouvrages des Auteurs qui sont morts dans le cours de l'année 1765, suivi d'une Observation sur les Deuils*, Paris, L'Imprimerie de Mareau, 1766, pp. 305-307.

＊2 ２０１６年から２０１７年にかけて開催された「マリー・アントワネット展」（森アーツセンターギャラリー）で展示されていた。

＊3 シュテファン・ツワイク、前掲書（下）、３３７頁。

＊4 同書、２３７頁。

＊5 パウル・クリストフ編、前掲書、１６６頁。

＊6 日本では、同様のものとして、箱根ガラスの森美術館にて行われた「指輪、愛の扉をひらく」展（２００８年）と、国立西洋美術館での「橋本コレクション　指輪」展（２０１４年）にて、「私を忘れないで」という花言葉をもつ勿忘草《わすれなぐさ》が彫られた指輪が、話題になったことがある。この指輪の小さな扉を開くと、小さく束ねられた遺髪が入っていて、この遺髪に関しては、マリー・アントワネットのものとする説と、アントワネットの姉であるマリー・アメリーのものである説とのふたつが存在している。

＊7 シュテファン・ツワイク、前掲書（上）、１５８―１５９頁。

＊8 シュテファン・ツワイク、前掲書（下）、２４０頁。

＊9 同書、２４１頁。

＊10 エドモン・ド・ゴンクール、ジュール・ド・ゴンクール、前掲書、４９９頁。

＊11 拙稿「第4章　エチケットで身をたてる　礼儀作法書にみる近世・近代フランスのモード」（徳井淑子、朝倉三枝、内村理奈、角田奈歩、新實五穂、原口碧『フランス・モード史への招待』悠書館、２０１６年、１４３頁）。

＊12 ゴンクール兄弟による18世紀研究の主な著作は次の通り。『大革命下フランス社会史』（１８５４年）、『総裁政府下フランス社会史』（１８５５年）、『18世紀の新しい面影』（１８５８年）、『ルイ15世の寵姫たち』（１８６０年）など。

＊13 Guy Cogeval, Yves Badetz, Paul Perrin et Marie-Paule Vial (sous la direction de), *Spectaculaire Second Empire*, Paris, Musée d'Orsay, SKIRA, 2016 など。

＊14 *Ibid.*, pp. 136-147; Henri Clouzot, *Le Style Louis-Philippe-Napoléon III*, Paris, Librairie Larousse, 1939.

＊15 Philippe Denis, «Le rôle de l'impératrice Eugénie dans le développement des arts décoratifs», Mémoire de la Maîtrise, Université du Québec à Montréal, 2012.

＊16 Jacques Ruppert, Madeleine Delpierre, Renée Davray-Piékolek, Pascale Gorguet-Ballesteros, *Le costume français, tout l'art Encyclopédie*, Paris, Flammarion, 1996, p. 263.

*17 古賀令子「ファッション誌の変遷：黎明期から現在まで」『文化女子大学図書館所蔵服飾関連雑誌解題・目録（２００５―09）』２００５年、14―24頁。松田祐子『主婦になったパリのブルジョワ女性たち――１００年前の新聞・雑誌から読み解く』大阪大学出版会、２００９年、23頁。

*18 ウジェニーとウォルトの関係に関する参考文献には、次のものがある。Edith Saunders, *The Age of Worth; Couturier to the Empress Eugenie*, London, Longman, 1954.

*19 Guy Cogeval, *op. cit.*, p. 81 など。

*20 *Spectaculaire second Empire 1852–1870*, Beaux Arts éditions, Musée d'Orsay, 2016, p. 24.

*21 *Franz Xaver Winterhalter, portraits de cour, entre faste et élégance*, Paris, Palais de Compiègne, 2016, p. 160.

*22 Plume d'Histoire, https://plume-dhistoire.fr/limperatrice-eugenie-et-les-arts-inspiration-marie-antoinette/（２０１７年８月28日22時37分検索）参照。

*23 窪田般彌『皇妃ウージェニー　第二帝政の栄光と没落』白水社、１９９１年、92―93頁。

*24 フランス国立文書館（Archives nationales）による、*Exposition universelle de 1867 à Paris, Documents iconographiques sous-série F/12* に記されている数値である。

*25 *La mode illustrée*, le 11 octobre 1868.

*26 *La mode illustrée*, le 1er mars 1865.

*27 Henri Clouzot, *op. cit.*, pp. 65–66.

*28 M. De Lescure, *Les Palais de Trianon, Histoire-Description catalogue des objets exposés sous les auspices de sa Majesté L'impératrice*, Paris, Henri Plon, 1867.

*29 マリー・アントワネットを聖母マリアのように崇める風潮は、王政復古後、早くから見られたものである。『ヴェルサイユ宮殿《監修》マリー・アントワネット展　美術品が語るフランス王妃の真実』美術出版社、２０１６年、２１１―２１５頁。

*30 *Vigée Lebrun, 1755–1842, Her Life, Works, and Friendships: With a Catalogue Raisonné of the Artist's Pictures*, William Henry Helm and Louise-Elisabeth Vigée Lebrun, Memphis, USA, 2012, p. 89.

*31 Joseph Baillio, Katharine Baetjer, Paul Lang, *Vigée Le Brun*, N. Y., the Metropolitan Museum of Art, 2016, p. 8. および Elisabeth Louise Vigée Lebrun 1755–1842 のホームページによる解説を参照。https://www.batguano.com/vigeemagallery.html（２０１７年８月28日10時32分検索）。また、Joseph Bailio et Xavier Salmon(sous la direction de), *Élisabeth Louise Vigée Le Brun*, paris, la Réunion des musées nationaux, 2015, p. 41, Fig.6. においては１７８４年から１７８５年の作品としている。

*32 *Vigée Lebrun, 1755–1842, op. cit.*, p. 89.

*33 深井晃子監修『京都服飾文化研究財団コレクション　ファッション　18世紀から現代まで』TASCHEN、２００２年、88頁。

*34 François Boucher, *Histoire du costume en Occident* (1965), Paris, Flammarion, 1996, p. 276.

図版出典・所蔵元

表紙　〈薔薇を持つマリー・アントワネット〉、ルブラン画、ヴェルサイユ宮殿美術館所蔵
裏表紙　アントワネットからフェルセンに宛てた手紙（1792年1月4日）、フランス国立図書館所蔵

第一章　銀色の花嫁衣裳——異国へ嫁ぐ日

図1　Bridgeman Images/Aflo
図2、図6　ヴェルサイユ宮殿美術館所蔵
図3、図4　日本女子大学家政学部被服学科　服飾美学研究室所蔵
図5　Galerie des modes et costumes français, in *Documents pour l'histoire du Costume de Louis XV à Louis XVIII* (1911) Paris, Promenthius, 1982, 筆者所蔵
図7、図9、図10　*Encyclopédie, Compact Edition, Recueil de planches, sur les sciences, les arts libéraux, et les arts méchaniques, avec leur explication.* Volume IV, Paris (1762), Pergamon Press より、日本女子大学図書館所蔵
図8　京都服飾文化研究財団所蔵、成田舞（Neki inc.）撮影

第二章　ヴェルサイユの装い——宮廷衣裳《グランダビ》・乗馬服・髪型

図1　京都服飾文化研究財団所蔵、小暮徹撮影
図2—1、2—2、図8、図11、図12、図14、図17、18—1、18—2、図19—1、19—2、図20、図21—1、21—2、21—3、図22　*Encyclopédie : Compact Edition, Recueil de planches, sur les sciences, les arts libéraux, et les arts méchaniques, avec leur explication.* Volume IV, Paris (1762), Pergamon Press より、日本女子大学図書館所蔵
図3　パリ装飾美術館/Aflo
図4、図9、図10、図24、図25　Galerie des modes et costumes français より、京都服飾文化研究財団所蔵
図5　*Collection d'Habillements modernes et Galants* (1779) in *Documents pour l'Histoire du Costume de Louis XV à Louis XVIII*(1911), Paris, Promentheus, 1982, 筆者所蔵
図6　京都服飾文化研究財団所蔵、畠山崇撮影
図7　フランス国立文書館所蔵
図13、16—1、16—2　リシュリュー・コレクションより、フランス国立図書館
図15　ロンドン、ウォレス・コレクション
図26　ウィーン、シェーンブルン宮殿所蔵
図27　ヴェルサイユ美術館所蔵
図29　Moreau Le Jeune, *Monument du Costume physique et Moral de la fin du XVIIIe siècle*, in *Documents pour l'Histoire du Costume de Louis à Louis XVIII*(1911), Paris, Promentheus, 1982, 筆者所蔵

第三章　恋の舞台は舞踏会——仮面と靴下留め

図1　フランス国立図書館
図2　文化学園服飾博物館所蔵
図3　Galerie des modes et costumes français より、京都服飾文化研究財団所蔵
図4、図8　Galerie des modes et costumes français, in *Document pour l'Histoire du Costume de Loius XV à Louis XVIII*, (1911), Paris, Promenthius, 1982 より、筆者所蔵
図6　ロンドン、ウォレス・コレクション
図7　アムステルダム国立美術館
図9―1　京都服飾文化研究財団所蔵、成田舞（Neki inc.）撮影
図9―2　©京都服飾文化研究財団所蔵
図10　京都服飾文化研究財団所蔵、小暮徹撮影
図11―1、11―2　J・レイボー・コレクションより、芸術と産業美術館（サンテティエンヌ）所蔵
図12　個人蔵
図13　ニューヨーク、ジェーン・ライツマン・コレクション
図14　プロヴァンスの衣裳と装身具美術館所蔵、筆者撮影

第四章　田舎暮らしへの憧れ——モスリンのドレスと麦わら帽子

図1　ワシントン・ナショナル・ギャラリー所蔵
図2　ヴェルサイユ宮殿美術館所蔵
図3　ベルリン、シャルロッテンブルク城所蔵/Aflo
図4　ルーヴル美術館所蔵
図5　*Encyclopédie, : Compact Edition, Recueil de planches, sur les sciences, les arts libéraux, et les arts mécaniques, avec leur explication.* Volume IV, Paris (1762), Pergamon Press より、日本女子大学図書館所蔵
図6　Bridgeman Images/Aflo
図7　*Documents pour l'Histoire du Costume de Loius XV à Louis XVIII*, (1911), Paris, Promenthius, 1982 より、筆者所蔵
図8―1　Moreau Le Jeune, *Monument du Costume physique et Moral à la fin du XVIIIe siècle*, in *Documents pour l'Historie du Costume de Loius XVIII* (1911), Paris, Promenthius, 1982, 筆者所蔵
図8―2　Galerie des modes et costumes français in *Documents pour l'Historie du Costume de Loius XVIII* (1911), Paris, Promenthius, 1982, 筆者所蔵
図9　デトロイト美術館所蔵

第五章　永遠の王妃——指輪と白い肩掛け《フィシュ》

図1、図3　カルナヴァレ美術館所蔵・Roger-Viollet/Aflo
図4　ニューヨーク、メトロポリタン美術館所蔵
図5、図6、図7、図8、図9、図10、図11、図12、図13　*La mode illustrée*, 日本女子大学家政学部被服学科服飾美学研究室所蔵
図14　ダラス美術館所蔵
図15　ヴェルサイユ宮殿美術館所蔵

〈マリー・アントワネットの衣裳係長だったヴィヤール公爵夫人の死後の遺産目録に含まれた、ルイ15世妃マリー・レクザンスカとアントワネットの衣裳目録より抜粋〉

（前略）　1771年12月7日土曜日、午前8時より、上記のように開始した財産目録は、ここに名前の挙げられたご婦人と紳士の方々の届け出により、上に名前のあるル・バ氏とミロン氏の立会いの下、以下に記すような方法で引き続き執り行われた。

亡き女王陛下［ルイ15世妃、マリー・レクザンスカ］、および王太子妃殿下［マリー・アントワネット］の衣裳部屋の物品は、相続によるものであるが、王太子妃殿下の衣裳部屋の複数の異なる部屋に残されている。

［1］はじめに、聖霊降臨祭のためのグランダビが1着、艶のある銀糸の布でできており、ぼかし縫い《ヌエ》という技法でできたバラ色と緑色を加えた房《ブーケ》がついている。コルセットがひとつと、ペチコートがひとつと、引き裾がひとつついている。評価額は120リーヴル。

［2］グランダビが1着。白地の生地に銀とさくらんぼ色と緑色の小さな房《ブーケ》がついている。同様に、コルセットひとつと、ペチコートひとつと、引き裾がひとつついている。評価額は、100リーヴル。

［3］グランダビが1着。青りんご色の地の布に、白い飾り《シャマレ》がついている。同様に、コルセットひとつと、ペチコートがひとつと、引き裾がついている。評価額は、80リーヴル。

［4］グランダビが1着。硫黄の黄色をしたグロ　ド・トゥールという名の絹織物で、ブロンド・レースがついている。同様に、コルセットひとつと、ペチコートひとつと、引き裾がひとつついている。評価額は60リーヴル。

［5］グランダビが1着。白地のタフタという絹織物で、高級な絣《シネ》である。同様にコルセットと、ペチコートと、引き裾がついている。評価額は60リーヴル。

［6］グランダビが1着。ライラック色の地のタフタという絹織物で白と黄色と緑の絣《シネ》になっている。同様にコルセットひとつと、ペチコートひとつと、引き裾がひとつついている。評価額は50リーヴル。

［7］グランダビが1着。白地のタフタで、ナデシコ色の絣《シネ》。同様にコルセットひとつと、ペチコートひとつと、引き裾がひとつついている。評価額は60リーヴル。

［8］グランダビが1着。白地のタフタで、バラ色の絣《シネ》の縞になっている。同様にコルセットひとつと、ペチコートひとつと、引き裾がひとつついている。評価額は54リーヴル。

［9］グランダビが1着。白地のタフタで、バラ色と灰色の絣《シネ》の縞になっている。同様にコルセットひとつと、ペチコートひとつと、引き裾がひとつついている。評価額は、60リーヴル。

［10］グランダビが1着。白地のタフタで、バラ色と黄色の太い縦縞《コロンヌ》になっている。同様にコルセットひとつと、ペチコートひとつと、引き裾がひとつついている。評価額は、54リーヴル。

［11］グランダビが1着。バラ色と白色の非常に細かな縦縞《コロンヌ》の入ったタフタでできている。同様にコルセットひと

つと、ペチコートひとつと、引き裾がひとつついている。評価額は48リーヴル。

〔12〕グランダビが1着。白地のタフタで、バラ色の縞があり、ほどけた房《ブーケ》がついており、バラ色と緑色の小さな斑点がある。同様にコルセットひとつと、ペチコートひとつと、引き裾がひとつついている。評価額は50リーヴル。

〔13〕グランダビが1着。バラ色と灰色の縞のタフタである。同様にコルセットひとつと、ペチコートひとつと、引き裾がひとつついている。評価額は48リーヴル。

〔14〕グランダビが1着。青と白の縞模様のタフタでできている。同様にコルセットひとつと、ペチコートひとつと、引き裾がひとつついている。評価額は50リーヴル。

〔15〕グランダビが1着。青とバラ色とオリーヴ色の縞のタフタでできている。同様にコルセットひとつと、ペチコートひとつと、引き裾がひとつついている。評価額は54リーヴル。

〔16〕グランダビが1着。黒い絣《シネ》のタフタである。同様にコルセットひとつと、ペチコートひとつと、引き裾がひとつついている。評価額は40リーヴル。

〔17〕グランダビが1着。白いタフタに、黒と白で刺繍された薄布《ガーズ》で飾られている。同様にコルセットひとつと、ペチコートひとつと、引き裾がひとつついている。評価額は40リーヴル。

〔18〕グランダビが1着。白いタフタで、バラとイタリアの花がついている。同様にコルセットひとつと、ペチコートひとつと、引き裾がひとつついている。評価額は60リーヴル。

〔19〕グランダビが1着。白いタフタで、銀糸のブロンド・レースで飾られている。同様にコルセットひとつと、ペチコートひとつと、引き裾がひとつついている。評価額は、100リーヴル。

〔20〕グランダビが1着。シャトー・ルノーと呼ばれる布地で、黒と白の縞になっている。同様にコルセットひとつと、ペチコートひとつと、引き裾がひとつついている。評価額は、40リーヴル。

〔21〕グランダビが1着。同様のシャトー・ルノーと呼ばれる白い布地でできている。同様にコルセットひとつと、ペチコートひとつと、引き裾がひとつついている。評価額は、50リーヴル。

〔22〕グランダビが1着。銀色の布地に、金色の太い縦縞《コロンヌ》になっている。同様にコルセットひとつと、ペチコートひとつと、引き裾がひとつついている。評価額は120リーヴル。

〔23〕グランダビが1着。バラ色の地のサテンで、銀色のニュアンスがあり、高級な布地である。同様にコルセットひとつと、ペチコートひとつと、引き裾がひとつついている。評価額は100リーヴル。

〔24〕グランダビが1着。白地のビロードで、絣《シネ》になっている。同様にコルセットひとつと、ペチコートひとつと、引き裾がひとつついている。評価額は、80リーヴル。

〔25〕グランダビが1着。ナカラ色（鮮やかな赤色）の無地のビロードでできている。同様にコルセットひとつと、ペチコートひとつと、引き裾がひとつついている。評価額は、60リーヴル。

〔26〕グランダビが1着。黒いビロードである。同様にコルセットひとつと、ペチコートひとつと、引き裾がひとつついている。評価額は、60リーヴル。

〔27〕グランダビが1着。フラン色のダマスク織り（西洋緞

子）。同様にコルセットひとつと、ペチコートひとつと、引き裾がひとつついている。評価額は60リーヴル。

[28] グランダビが1着。白地のサテン。同様にコルセットひとつと、ペチコートひとつと、引き裾がひとつついている。評価額は60リーヴル。

[29] 部屋着《ローブ・ド・シャンブル》が1着。パニエの上につける白色の濃淡のあるサテンのペチコートがひとつ。評価額は60リーヴル。

[30] 部屋着《ローブ・ド・シャンブル》が1着。白地のサテンのペチコートがひとつ。評価額は50リーヴル。

[31] 部屋着《ローブ・ド・シャンブル》が1着。パニエ無し。地がバラ色のサテンでテンの毛皮色の縞模様のペチコート。評価額は48リーヴル。

[32] パニエ無しで、緑色の小さな部屋着《ローブ・ド・シャンブル》が1着。ペチコートも同様。評価額は48リーヴル。

[33] 部屋着《ローブ・ド・シャンブル》が1着。金メッキの高級なパニエとその上につけるペチコート。評価額は48リーヴル。

[34] 部屋着《ローブ・ド・シャンブル》が1着。絹織物の高級なペチコートひとつ。評価額は45リーヴル。

[35] 部屋着《ローブ・ド・シャンブル》が1着。ペチコートがひとつと、銀糸の薄布《ガーズ》がついた丁子色のタフタのパニエ。評価額は１００リーヴル。

[36] 部屋着《ローブ・ド・シャンブル》が1着。ペチコートひとつと、青いタフタのパニエ、これも同様に銀糸の薄布《ガーズ》がついている。評価額は１００リーヴル。

[37] 部屋着《ローブ・ド・シャンブル》が1着。白地のタフタに銀の絣《シネ》の縞模様になっており、銀糸で飾られたペチコートひとつ。パニエには玉房がついている。評価額は１１０リーヴル。

[38] ドレスがひとつ。パニエとペチコート。ライラック色と銀色の縞模様のタフタで、銀糸で飾られ、玉房がついている。評価額は１１０リーヴル。

[39] 部屋着《ローブ・ド・シャンブル》が1着。バラ色と緑色のイチゴ柄が描かれたタフタのパニエにペチコートがひとつ。銀糸の薄布《ガーズ》と玉房で飾られたドレス。評価額は96リーヴル。

[40] 部屋着《ローブ・ド・シャンブル》が1着。パニエとペチコート。バラ色の地のタフタに、バラ色の絣《シネ》模様で、白い太縞《コロンヌ》になっており、ブロンド・レースとタフタで飾られている。評価額は72リーヴル。

[41] 部屋着《ローブ・ド・シャンブル》とペチコートとバラ色のタフタで金の飾りがついたパニエ。評価額は60リーヴル。

[42] 部屋着《ローブ・ド・シャンブル》とペチコートと白地のタフタでリボン飾り《ミニャルディズ》の絵が描かれたパニエ。評価額は50リーヴル。

[43] ドレスと、パニエの上につけるペチコートがひとつ。バラ色の地で縞模様と絣《シネ》になっているタフタでできている。評価額は54リーヴル。

[44] 部屋着《ローブ・ド・シャンブル》が1着。パニエの上につけるペチコートがひとつ。飾り無しのバラ色のタフタでできている。評価額は48リーヴル。

[45] 部屋着《ローブ・ド・シャンブル》が1着。同様にパニエの上につけるペチコートがひとつ。白地で、バラ色の縞があり、小さな絣《シネ》模様のタフタでできている。評価額は50リーヴル。

[46] 小さな盛装用の部屋着《ローブ・ド・シャンブル》が1着。バラ色の地で、縞と絣《シネ》のタフタのペチコートがひとつ。評価額は54リーヴル。

[47] 小さな部屋着《ローブ・ド・シャンブル》が1着。ペチコートは同様に白と緑とバラ色の地のタフタでできている。評価額は64リーヴル。

[48] 小さな盛装用のドレスが1着。ペチコートは、白と緑とバラ色の地のタフタでできている。評価額は、64リーヴ

ル。

〔49〕小さな盛装用のドレスが1着。ペチコートは、白地で緑の縞と、菫色の太縞《コロンヌ》、そして絣《シネ》模様のあるタフタでできている。評価額は、48リーヴル。

〔50〕小さな盛装用のドレス1着とペチコート。白地で、ライラック色の縞模様と、緑とバラ色のほどけた房がついており、絣《シネ》模様になっている。評価額は45リーヴル。

〔51〕小さな盛装用のドレスが1着。ペチコートは、緑とバラ色の縞で、絣《シネ》模様のあるタフタでできている。評価額は48リーヴル。

〔52〕小さな盛装用のドレスとそのペチコートが1着。青い縞と小さな絣《シネ》模様があるタフタ。評価額は38リーヴル。

〔53〕小さな盛装用のドレスとそのペチコート。青い縞と小さな絣《シネ》模様のタフタ。評価額は48リーヴル。

〔54〕小さな盛装用の部屋着《ローブ・ド・シャンブル》とそのペチコートがひとつ。バラ色と白の縞模様のタフタ。評価額は47リーヴル。

〔55〕小さな盛装用の部屋着《ローブ・ド・シャンブル》とそのペチコートがひとつ。バラ色と緑の縞で、絣《シネ》模様があるタフタ。評価額は42リーヴル。

〔56〕小さな盛装用ドレスとそのペチコートがひとつ。バラ色で、絣《シネ》模様と花輪《ギルランド》模様がついている。評価額は45リーヴル。

〔57〕部屋着《ローブ・ド・シャンブル》とそのペチコート［piqur］。盛装用。プチ・グリ色のタフタ。評価額は38リーヴル。

〔58〕小さな盛装用のドレスとそのペチコート。白地で小さな絣《シネ》模様のタフタ。評価額は42リーヴル。

〔59〕小さな盛装用のドレスとそのペチコート。白地で、大きなバラ色の縞と絣《シネ》模様があるタフタ。評価額は40リーヴル。

〔60〕小さな盛装用の部屋着《ローブ・ド・シャンブル》とそのペチコート。白地でバラ色の大きな縞と、絣《シネ》模様のあるタフタ。評価額は48リーヴル。

〔61〕小さな盛装用の部屋着《ローブ・ド・シャンブル》とそのペチコート。ライラック色の縞で絣《シネ》模様のタフタ。評価額、45リーヴル。

〔62〕小さな盛装用の部屋着《ローブ・ド・シャンブル》とそのペチコート。白地でバラ色の太縞《コロンヌ》とライラック色の小さなリボン結びがついているシャトー・ルノー風のタフタ。評価額は36リーヴル。

〔63〕小さな盛装用の部屋着《ローブ・ド・シャンブル》とそのペチコート。シャトー・ルノー風のタフタで、地は白く、縞になっており、灰色の高級な絣《シネ》模様がある。評価額は45リーヴル。

〔64〕盛装用のシャトー・ルノー風の部屋着《ローブ・ド・シャンブル》。白地で緑色の縞があり、小さめの太縞《コロンヌ》の絣《シネ》模様があるタフタ。評価額は36リーヴル。

〔65〕カラコがひとつとそのペチコート。白地で、バラ色の縞柄で、小さな太縞《コロンヌ》があるタフタ。評価額は15リーヴル。

〔66〕カラコがひとつと、そのペチコート。白地にバラ色と緑色の縞模様のタフタ。評価額は15リーヴル。

〔67〕カラコがひとつと、そのペチコート。白地にバラ色と緑色の縞があるタフタ。評価額は15リーヴル。

〔68〕カラコがひとつと、そのペチコート。青いタフタ。評価額は15リーヴル。

〔69〕カラコがひとつと、そのペチコート。白いタフタ。評価額は15リーヴル。

〔70〕カラコがひとつと、そのペチコート。白いタフタ。評価額は15リーヴル。

〔71〕部屋着《ローブ・ド・シャンブル》が1着とそのペチコート。黒いタフタ。ドレスはタフタとレースで飾られている。評価額は30リー

ヴル。

［72］シャトー・ルノー風の部屋着《ローブ・ド・シャンブル》が1着。同様に黒いタフタ。タフタとレースで飾られている。評価額は24リーヴル。

［73］ドレス1着とそのペチコート。飾りのある黒いタフタ。評価額は24リーヴル。

［74］パニエをつける部屋着《ローブ・ド・シャンブル》が1着。白いタフタで、黒い縞模様。ペチコートも同じタフタ。評価額は36リーヴル。

［75］パニエをつける部屋着《ローブ・ド・シャンブル》が1着とそのペチコート。白いタフタで、黒い縞模様。評価額は36リーヴル。

［76］パニエをつける部屋着《ローブ・ド・シャンブル》が1着とそのペチコート。白いタフタ。評価額は42リーヴル。

［77］やはりパニエをつける部屋着《ローブ・ド・シャンブル》が1着とそのペチコート。ブロンド・レースをつけている白いタフタ。評価額は45リーヴル。

［78］黒いタフタのグランダビが1着。コルセットと、ペチコートと、引き裾がついている。評価額は32リーヴル。

［79］グランダビが1着。白いプ・ド・ソワという名の絹織物で、銀糸の布で飾られている。コルセットと、ペチコートと、引き裾がついている。評価額は96リーヴル。

［80］グランダビが1着。白地のグロ・ド・トゥールで、金糸の縞模様と、銀糸の小さな房と、バラ色と黒と緑の房がついている。コルセットと、ペチコートと、引き裾がついている。評価額は、72リーヴル。

［81］グランダビが1着。バラ色のモワレ模様と銀糸の布を合わせた布。コルセットと、ペチコートと、引き裾がついている。評価額は、96リーヴル。

［82］グランダビが1着。艶のある銀糸によるグロ・ド・トゥールで、金糸の太縞模様、ポワン・デスパーニュというレースと、濃淡のある花輪模様《ギルランド》がついている。コルセットと、ペチコートと、引き裾がついている。評価額は120リーヴル。

［83］グランダビが1着。バラ色のプ・ド・ソワで、単彩画のように刺繍がされている。コルセットと、ペチコートと、引き裾がついている。評価額は72リーヴル。

［84］グランダビが1着。白地のグロ・ド・トゥールで、あらゆる色の枝模様とヤグルマギクの模様。コルセットと、ペチコートと、引き裾。評価額は60リーヴル。

［85］グランダビが1着。グロ・ド・トゥールで、小さな三色菫の花束の模様と、あらゆる色合いの花輪模様《ギルランド》。コルセットと、ペチコートと、引き裾。評価額は80リーヴル。

［86］グランダビが1着。大きなほどけた花束模様のペカン。コルセットと、ペチコートと引き裾。評価額は65リーヴル。

［87］シャトー・ルノーのグランダビが1着。プチ・ブルー色の地で白い横畝織りで、さくらんぼ色と緑色の小さな花束模様のあるグロ・ド・トゥール。コルセットと、ペチコートと引き裾。評価額は53リーヴル。

［88］王太子妃のグランダビが1着。灰色の地で、白とバラ色の縞で、さくらんぼ色と緑色の花輪模様《ギルランド》になっている。コルセットと、ペチコートと、引き裾。評価額は、72リーヴル。

［89］シャトー・ルノーのグランダビが1着。白い経て毛ビロード《グラン・ドルジェ》の無地。コルセットと、ペチコートと、引き裾。評価額は40リーヴル。

［90］パニエをつける部屋着《ローブ・ド・シャンブル》が1着とそのペチコート。白地で、銀糸の縞模様と、バラ色の横畝織りになってい

て、銀と玉虫色のバラ色と緑色の花束模様になっている。評価額は75リーヴル。

[91] 部屋着《ローブ・ド・シャンブル》が1着。ユダヤ地方のモスリンに、金と紫と緑の花束模様が刺繍されている。ペチコートも同様である。評価額は90リーヴル。

[92] 部屋着《ローブ・ド・シャンブル》が1着とペチコート。銀糸の地の織物で、金糸の縞と、金糸と玉虫色の絹糸の花束とヤグルマギクの模様がついている。評価額は１００リーヴル。

[93] 部屋着《ローブ・ド・シャンブル》が1着とペチコート。黄色の地のグロ・ド・トゥールで、銀糸の縞模様と、白の横畝織りになっていて、銀糸の花束模様と、さくらんぼ色と緑色の花輪《ギルランド》模様がある。評価額は96リーヴル。

[94] 部屋着《ローブ・ド・シャンブル》が1着とペチコート。同様に白地のグロ・ド・トゥールで、バラ色の縞があり、ほどけた花束模様があり、白の横畝織りになっている。評価額は59リーヴル。

[95] 部屋着《ローブ・ド・シャンブル》が1着とペチコート。バラ色の無地の横畝織りの織物で、ローブとペチコートは、ブロンド・レースと玉房がついている。評価額は72リーヴル。

[96] 部屋着《ローブ・ド・シャンブル》が1着とペチコート。白地のグロ・ド・トゥールで横畝織りになっていて、緑とさくらんぼ色のモザイク模様と、ライラック色のリボン結び、そして、玉虫色のバラ色の花束模様が描かれている。評価額は54リーヴル。

[97] 小さな盛装用の部屋着《ローブ・ド・シャンブル》が1着とペチコート。白地で、いろいろな色の絹糸で刺繍がされている、インドシルク。評価額は52リーヴル。

[98] ドレス1着とペチコート。白いチンツで、ピスタチオ色の縞模様と、よくある大きな絵が描かれていて、バンシュ・レースで飾られている。評価額は72リーヴル。

[99] 小さな盛装用の部屋着《ローブ・ド・シャンブル》が1着とペチコート。白地で、青い横畝織りの縞がある、グロ・ド・トゥール。評価額は40リーヴル。ペチコートも含む。

[100] 小さな盛装用の部屋着《ローブ・ド・シャンブル》が1着とペチコート。白地のグロ・ド・トゥールで、青い縞模様と横畝織りで、光沢がある。評価額は40リーヴル。

[101] 小さな盛装用の部屋着《ローブ・ド・シャンブル》が1着とペチコート。白地にバラ色の縞模様のグロ・ド・トゥール。ぼかし縫《ヌエ》いという技法によるバラ色と緑の花輪《ギルランド》模様が描かれ、ほどけた花束模様も描かれている。評価額は45リーヴル。

[102] 小さな盛装用の部屋着《ローブ・ド・シャンブル》が1着とペチコート。バラ色の地に光沢のあるバラ色の縞模様があるグロ・ド・トゥール。バラ色と緑と白の花束模様がある。評価額は42リーヴル。

[103] 小さな盛装用の部屋着《ローブ・ド・シャンブル》が1着とペチコート。同様に白地で、ライラック色の縞模様のあるグロ・ド・トゥール。バラ色と緑とヤグルマギクの花束模様。評価額は45リーヴル。

[104] 小さな盛装用の部屋着《ローブ・ド・シャンブル》が1着とペチコート。バラ色の地で、横畝織りになっており、光沢があるグロ・ド・トゥール。ブロンド・レースと玉房がついている。評価額は40リーヴル。

[105] 小さな盛装用の部屋着《ローブ・ド・シャンブル》が1着とペチコート。白地で、青い縞と横畝織りになっているグロ・ド・トゥール。あらゆる色とコルドニエの小さな花の花輪《ギルランド》模様がある。評価額は48リーヴル。

[106] 盛装用の小さなドレス1着とペチコート。白地で銀糸の縞と、光沢のあるバラ色と緑の縞模様があるグロ・

ド・トゥール。銀とバラ色とぼかし縫い《ヌエ》という技法による緑の小さな花束模様がついている。評価額は72リーヴル。

〔107〕小さな盛装用の部屋着《ローブ・ド・シャンブル》が1着とペチコート。バラ色の地で、白い縞模様と横畝織りになっているグロ・ド・トゥール。評価額は52リーヴル。

〔108〕小さな盛装用の部屋着《ローブ・ド・シャンブル》が1着と同様にペチコート。バラ色の地で、白い横畝織りの縞模様があるグロ・ド・トゥール。バラ色の花輪《ギルランド》模様と、玉房がついている。評価額は43リーヴル。

〔109〕王妃の小さな盛装用の部屋着《ローブ・ド・シャンブル》が1着とペチコート。灰色の地で、白い横畝織りの縞模様で、バラ色と緑のぼかし縫い《ヌエ》の花輪《ギルランド》模様がある。評価額は54リーヴル。

〔110〕王妃の小さな盛装用の部屋着《ローブ・ド・シャンブル》が1着とペチコート。青みを帯びた非常に細かな縞模様があり、三色菫の花束模様と、絹布の花輪《ギルランド》模様と玉房がついている。評価額は48リーヴル。

〔111〕小さな盛装用の部屋着《ローブ・ド・シャンブル》が1着とペチコート。刺繍のされたモスリン。バラ色のタフタで裏打ちされ、裾にチュールがあり、フランドル・レースがついている。評価額は72リーヴル。

〔112〕小さな盛装用の部屋着《ローブ・ド・シャンブル》が1着とペチコート。白いプ・ド・ソワ。ブロンド・レースがついている。評価額は54リーヴル。

〔113〕カラコが1着とペチコート。白い経て毛ビロード《グラン・ドルジュ》。評価額は15リーヴル。

〔114〕カラコが1着。丁子色の地で、白い横畝織りの縞模様があるグロ・ド・トゥール。ペチコートもついている。評価額は18リーヴル。

〔115〕カラコが1着。同様に、白地に縞模様で、白い横畝織りになっているグロ・ド・トゥール。評価額は15リーヴル。

〔116〕カラコ1着とペチコート。ライラック色の経て毛ビロード《グラン・ドルジュ》と白い光沢のあるグロ・ド・トゥール。評価額は18リーヴル。

〔117〕カラコ1着とペチコート。バラ色の経て毛ビロード《グラン・ドルジュ》と白い光沢のあるグロ・ド・トゥール。評価額は16リーヴル。

（中略。目録作りは同日2時にいったん中断し、3時から再開した。）

引き続き王妃と王太子妃の衣裳部屋の物品について

〔118〕グランダビが1着。白地のモワレ模様で、黒と白のブロケード織り。コルセットとペチコートと引き裾がついている。評価額は、60リーヴル。

〔119〕グランダビが1着。白地で、白い横畝織りの縞模様があるグロ・ド・トゥール。コルセットとペチコートと引き裾がついている。評価額は54リーヴル。

〔120〕小さな盛装用の部屋着《ローブ・ド・シャンブル》が1着とペチコート。白地で、横畝織りの縞模様がついたグロ・ド・トゥール。黒と白の花束模様。評価額は40リーヴル。

〔121〕部屋着《ローブ・ド・シャンブル》が1着とペチコート。プ・ド・ソワという絹織物。評価額36リーヴル。

〔122〕部屋着《ローブ・ド・シャンブル》が1着とペチコート。同様にプ・ド・ソワ。評価額は36リーヴル。

〔123〕乗馬用のアビとベストとスカート。カムロ織り。プチ・グリ色。銀糸の飾り紐がついている。評価額は45リーヴル。

[124] アビが1着、ベスト1着、スカート1着。乗馬用。緑のカムロという毛織物。金糸のブランドブール（飾り紐）付き。評価額は45リーヴル。

[125] アビが1着、ベスト1着、スカート1着。乗馬用。緋色のラティネという厚地の毛織物。金糸のブランドブール（飾り紐）付き。評価額は50リーヴル。

[126] アビが1着、ベスト1着、スカート1着。乗馬用。緑色の無地のラティネ。金ボタン付き。評価額は24リーヴル。

[127] アビが1着とスカートが1着。茶色のカムロ。鋼鉄のボタン。評価額は20リーヴル。

[128] ウープランド1着。緑色のタフタ。評価額は24リーヴル。

[129] ウープランド1着。白みがかったタフタ。評価額は30リーヴル。

[130] プ・ド・ソワのウープランド（室内用のガウン）1着。評価額は30リーヴル。

[131] プ・ド・ソワのウープランドが2着。ひとつは、金の薄布《ガーズ》、もうひとつは銀の薄布《ガーズ》がついている。2組のアマディ袖。ひとつは青で、もうひとつは深紅のもので、薄布《ガーズ》がついている。評価額は45リーヴル。

[132] 6組のブーツ。1組の編み上げ靴。評価額は12リーヴル。

[133] 金縁で、羽根飾りのついたビーバー帽がひとつ。評価額は24リーヴル。

[134] 部屋着《ローブ・ド・シャンブル》が1着とペチコート。キンセンカ色のタフタ。評価額は36リーヴル。

[135] 部屋着《ローブ・ド・シャンブル》が1着とペチコート。プチ・グリ色のタフタ。評価額は30リーヴル。

[136] 部屋着《ローブ・ド・シャンブル》が1着とペチコート。青と白のちょっとした細工のあるもの。評価額30リーヴル。

[137] ドレスとペチコートがひとつ。黒と白の縞模様のタフタ。評価額は30リーヴル。

[138] ドレスとペチコートがひとつ。白い無地のタフタ。評価額は36リーヴル。

[139] グランダビ1着。バラ色の光沢のある、バラ色のタフタ。コルセットとペチコートと引き裾がついている。評価額は36リーヴル。

[140] グランダビ1着。なめし皮《タネ》色のタフタ。コルセットとペチコートと、引き裾がついている。評価額は30リーヴル。

[141] グランダビが1着。プチ・グリ色のタフタ。コルセットとペチコートと引き裾がついている。評価額は30リーヴル。

[142] グランダビが1着。白い艶のある青いタフタ。コルセットとペチコートと引き裾がついている。評価額は36リーヴル。

[143] グランダビが1着。マロン色のプ・ド・ソワ。コルセットとペチコートと引き裾がついている。評価額は45リーヴル。

[144] グランダビが1着。同じ色のプ・ド・ソワ。コルセットとペチコートと引き裾がついている。評価額は45リーヴル。

[145] グランダビが1着。白いタフタ。コルセットとペチコートと引き裾がついている。評価額は40リーヴル。

[146] 部屋着《ローブ・ド・シャンブル》が1着とペチコート。経て毛ビロード《グラン・ドルジュ》。評価額は48リーヴル。

[147] グランダビが1着。プチ・グリ色のドロゲという名の

織物。コルセットとペチコートと引き裾がついている。評価額は36リーヴル。

[148] 部屋着《ローブ・ド・シャンブル》が1着とペチコート。モルドレ色のエジプト綿で、ミドリヒョウモン蝶《タバ・デ・スパーニュ》の柄。評価額は40リーヴル。

[149] ドレスが1着。バラ色とマロン色のリュストリヌで、ブロケードの小さな白い花束の柄。評価額は40リーヴル。

[150] 盛装用の部屋着《ローブ・ド・シャンブル》が1着とペチコート。キンセンカ色の無地の横畝織りのエジプト綿。評価額は40リーヴル。

[151] ドレス《ローブ・フェルメ》が1着とペチコート。黒と白のグロ・ド・トゥールで、白いサージの薄布《ガーズ》がついている。評価額は32リーヴル。

[152] 部屋着《ローブ・ド・シャンブル・フェルメ》が1着。白地のグロ・ド・トゥールで、黒の水玉模様。同じ布のペチコートがひとつ。評価額は30リーヴル。

[153] 部屋着《ローブ・ド・シャンブル・フェルメ》が1着。同様に白い経て毛ビロード《グラン・ドルジュ》のグロ・ド・トゥール。ペチコートも同様。評価額は30リーヴル。

[154] グランダビが1着。灰色のビロード織りのカムロという名の織物。コルセットとペチコートと引き裾がついている。評価額は60リーヴル。

[155] イスラムの部屋着《ローブ・ド・シャンブル・フェルメ》が1着。プチ・グリ色で、シュニール糸のレースがついている。さらにもうひとつ付属品がついている。評価額はペチコート込みで、50リーヴル。

[156] 部屋着《ローブ・ド・シャンブル・フェルメ》が1着とペチコート。わら色のサテンのキルティング。評価額は30リーヴル。

[157] 部屋着《ローブ・ド・シャンブル》が1着とペチコート。白いサテンで、少なめの水玉模様。評価額は36リーヴル。

[158] グランダビが1着。白と黒のサテン。コルセットとペチコートと引き裾がついている。評価額は36リーヴル。

[159] 王妃のグランダビが1着。黒と白。コルセットとペチコートと引き裾がついている。評価額は40リーヴル。

[160] グランダビが1着。黒地で、白いブロケード織りになっているグロ・ド・トゥール。コルセットとペチコートと引き裾がついている。評価額は36リーヴル。

[161] グランダビが1着。同様に、黒地で、白いブロケード織りのグロ・ド・トゥール。コルセットとペチコートと引き裾がついている。評価額は36リーヴル。

[162] ドレスが1着と引き裾がひとつとペチコート。ブロケード織りのグロ・ド・トゥールで、地色は黒と白。評価額は36リーヴル。

[163] グランダビが1着。高級な絣《シネ》模様のタフタで、地色は黒と白。コルセットとペチコートと引き裾がついている。評価額は40リーヴル。

[164] ドレス《ローブ・フェルメ》1着と引き裾がひとつ。同様に、高級な絣《シネ》模様のタフタで、黒と白。評価額は40リーヴル。

[165] グランダビが1着。高級な絣《シネ》模様のタフタで、黒と白。コルセットとペチコートと引き裾がついている。評価額は、42リーヴル。

[166] ドレスが1着と引き裾。黒いタフタ。ペチコートも同様。評価額は30リーヴル。

[167] グランダビが1着。黒いタフタ。コルセットとペチコートと引き裾がついている。評価額は36リーヴル。

[168] グランダビが1着。同様に黒いタフタ。コルセットとペチコートと引き裾がついている。評価額は36リーヴル。

[169] 部屋着《ローブ・ド・シャンブル》が1着とペチコート。グロ・ド・トゥール。評価額は30リーヴル。

〔170〕部屋着《ローブ・ド・シャンブル》が1着とペチコート。同様にグロ・ド・トゥールで、黒色。評価額は30リーヴル。
〔171〕部屋着《ローブ・ド・シャンブル》が1着とペチコート。同様に黒いグロ・ド・トゥール。評価額は30リーヴル。
〔172〕ペチコートがひとつとコルセット。黒いタフタ。評価額は18リーヴル。
〔173〕部屋着《ローブ・ド・シャンブル》が1着とペチコート。黒いグロ・ド・トゥールで、大きな黒い飾りがついている。評価額は24リーヴル。
〔174〕部屋着《ローブ・ド・シャンブル・フェルメ》が1着。黒いグロ・ド・トゥール。ペチコートと合わせて、評価額は24リーヴル。
〔175〕グランダビが1着。黒いプ・ド・ソワ。コルセットとペチコートと引き裾がついている。評価額は36リーヴル。
〔176〕ドレス《ローブ・フェルメ》が1着とペチコート。黒いプ・ド・ソワで、同様に大きな黒い飾りがついている。評価額は36リーヴル。
〔177〕グランダビが1着。黒いプ・ド・ソワ。コルセットとペチコートと引き裾がついている。評価額は36リーヴル。
〔178〕部屋着《ローブ・ド・シャンブル》が1着と引き裾と、ドレス。黒いサテンで、ブロケード織りの水玉模様。評価額は30リーヴル。
〔179〕部屋着《ローブ・ド・シャンブル》が1着と引き裾。黒いグロ・ド・トゥール。評価額は30リーヴル。
〔180〕グランダビが1着。黒いサテンのキルティング。コルセットとペチコートと引き裾がついている。評価額は30リーヴル。
〔181〕グランダビが1着。黒いプ・ド・ソワ。コルセットとペチコートと引き裾がついている。評価額は36リーヴル。
〔182〕黒い花がひと包み。評価額は6リーヴル。
〔183〕15と4分の3オーヌのキンセンカ色のタフタ。評価額は31リーヴル。
〔184〕83オーヌのリヨン産のフローレンスという名の白いタフタ。評価額は80リーヴル。
〔185〕9と半オーヌのリヨン産のドゥミ・フローレンスの白いタフタ。評価額は18リーヴル。
〔186〕6と半オーヌのオフホワイトのフローレンスのタフタ。評価額は10リーヴル。

（中略　夕方7時までかかったが、ここで中断し、次週の1771年12月10日火曜日朝8時に再開することになった。）王妃と王太子妃の衣裳部屋の物品についての続き。

〔187〕3と半オーヌのリヨン産の緑色のイギリス・タフタ。評価額は6リーヴル。
〔188〕17と半オーヌの裏表ともに緑色のフローレンス・タフタ。評価額は15リーヴル。
〔189〕29と半オーヌの緑色のイギリス・タフタ。評価額は45リーヴル。
〔190〕10オーヌの黒いイギリス・タフタ。白いタフタのパニエがふたつ。装飾品でいっぱいになったふたつの箱からなる花籠がひとつ。評価額は24リーヴル。
〔191〕小さなドレスが1着とペチコート。黒いタフタ。評価額は24リーヴル。
〔192〕小さなドレスが1着とペチコート。同様に黒いタフタ。評価額は24リーヴル。
〔193〕小さな部屋着《ローブ・ド・シャンブル》が1着とペチコート。黒いタフタに、黒と白の千筋縞がある。評価額は24リーヴル。
〔194〕小さな部屋着《ローブ・ド・シャンブル》が1着とペチコート。黒と白の縞模様のタフタ。評価額は24リーヴル。
〔195〕16オーヌの白いグロ・ド・トゥールで、銀色の縞模様が

あり、花束模様と緑とさくらんぼ色の花輪模様《ギルランド》が描かれ、銀のスペイン・レースと、刺繍によるバラの花束と、ライラックと銀色の刺繍と、玉房の装飾と、銀糸と金糸が添えられている布。評価額は120リーヴル。

[196] 16オーヌの、無地の経て毛ビロード《グラン・ドルジュ》。評価額は30リーヴル。

[197] 19オーヌの白いタフタ。化粧着用。評価額は40リーヴル。

[198] 16オーヌの丁子色のプ・ド・ソワ。イギリス風の袖飾り用。評価額は36リーヴル。

[199] 3と4分の3オーヌの白地にバラ色と銀糸による絣縞《シネ》のタフタ。同様のドレスに使うためのもの。評価額は6リーヴル。

[200] 装飾品がふたつ。ひとつは胴着のためのもの。もうひとつはコルセットのためのもの。ナカラ色と金糸による。評価額は12リーヴル。

[201] 10オーヌのグロ・ブルー色のタフタ。ウープランド用。評価額は30リーヴル。

[202] 40オーヌの緑色のイギリス・タフタ。ウープランド用。評価額は60リーヴル。

[203] 35と半オーヌの緑色のフローレンス・タフタ。評価額は36リーヴル。

[204] 6オーヌの黒いイギリス・タフタ。評価額は12リーヴル。

[205] 12オーヌの黒いフローレンス・タフタ。評価額は10リーヴル。

[206] 24オーヌの2組の白いドゥミ・フローレンス。評価額は15リーヴル。

[207] 装飾品として、金銀の絹でできた、切込み装飾と、どんぐり状の房《グラン》。評価額は24リーヴル。

[208] 金銀の薄布《ガーズ》でいっぱいになっている箱がひとつ。評価額は60リーヴル。

[209] 11ダースの昼間用のシュミーズと夜用のシュミーズ。評価額は400リーヴル。

[210] 5ダースと4枚のハンカチーフ。評価額は250リーヴル。

[211] 2組のカフスと、さまざまな種類の8列のレースと、コルセット用の装飾と、ふたつの襟飾り《トゥール・ド・ゴルジュ》。評価額は80リーヴル。

[212] 4着のバザン織りのペチコート。裾に小さなレースの施されたモスリンのフリルがついている。評価額は80リーヴル。

[213] 2着のバザン織りのペチコート。すこし大きめのレースが裾に施されているモスリンのフリルがついている。評価額は70リーヴル。

[214] 6着のバザン織りのペチコート。モスリンの装飾がついている。評価額は80リーヴル。

[215] 同様にバザン織りで、装飾のない12着のペチコート。評価額は80リーヴル。

[216] 24組のバザン織りのポケット。モスリンの装飾がついている。評価額は90リーヴル。

[217] 12枚のバザン織りのピエス・デストマという装飾的な胸当て。レースがついている。評価額は、50リーヴル。

[218] 3ダースの身づくろい用《ランジュ・ド・トワレット》のリネン。評価額は80リーヴル。

[219] 6ダースの顔や体を拭くためのリネン。評価額は15リーヴル。

[220] バンシュ・レースのリネン。寸法は3と3分の2オーヌ。評価額は80リーヴル。

〔221〕2枚の身づくろい用のモスリンの布。刺繡がされており、マリーヌのレースがついている。評価額は200リーヴル。

〔222〕ふたつのモスリンのフィシュ。1枚は裏付きで、もう1枚は、一重。イギリス・レースがついている。評価額は86リーヴル。

〔223〕1枚のレースのフィシュ。2列のレースがついている。評価額は15リーヴル。

〔224〕たっぷりの本物のヴァランシエンヌ・レースでできたかぶりもの。下地はなくふたつの筋がある。評価額は200リーヴル。

〔225〕2組のイギリス・レースの輪。立派なコルセット《グラン・コール》についていたもの。評価額は86リーヴル。

〔226〕24着のバザン織りのコルセット。評価額は20リーヴル。

〔227〕ポワン・ダランソンのレースでできた装飾品。すべて縫い付けられている。評価額は320リーヴル。

〔228〕ブリュッセル・レースのバタンルイユがひとつ。ひとつの装飾でできている。評価額は200リーヴル。

〔229〕2組の輪。ポワン・ド・レゾーのレースでできた立派なコルセット《グラン・コール》の装飾。評価額は80リーヴル。

〔230〕立派なコルセット《グラン・コール》の飾りがひとつ。レゾーの下地があるイギリス・レースのもの。評価額は200リーヴル。

〔231〕8列のレースがついた16組のカフス。コルセットのさまざまな装飾。二重の襟飾り《トゥール・ド・ゴルジュ》。そのうちの4つは未使用のもの。これらすべてがさまざまなレースでできている。評価額は400リーヴル。

〔232〕12組で同様に8列のレースがついたカフス。コルセットの装飾が複数。二重の襟飾り《トゥール・ド・ゴルジュ》。王太子妃が嫁いだときから使用しているもの。評価額は450リーヴル。

〔233〕5着のペニョワール。5枚の手ぬぐい用の布。さまざまなレースがついている。評価額は400リーヴル。

〔234〕1枚の美しいイギリス・レースの身づくろい用の布。評価額は650リーヴル。

〔235〕異なったレースが2列ついている7枚のフィシュ。評価額は65リーヴル。

〔236〕ドレスの装飾がひとつ。完璧なニードル・ポイント・レース《ポワン・ア・レギュ》。評価額は700リーヴル。

〔237〕もうひとつの装飾。完璧なアルジャンタン・レースのもの。評価額は360リーヴル。

〔238〕もうひとつの装飾。縫い付けられ、レゾーになっているポワン・ダランソンのもの。評価額は200リーヴル。

〔239〕ふたつのバルブと、全体がレゾーになっているポワン・ダランソンの1本の布。評価額は50リーヴル。

〔240〕バルブがついた、イギリス・レースのかぶりものがひとつ。さらに同様のレースのカフスが複数。評価額は700リーヴル。

〔241〕無地のバルブがついた、イギリス・レースのかぶりもの。同様の無地のレースのついたカフス。評価額は350リーヴル。

〔242〕イギリス・レースのかぶりものがひとつ。フィシュとカフスは、同じレースがついた無地のもの。評価額は260リーヴル。

〔243〕マリーヌ・レースのバタンルイユがひとつ。無地のバルブがついている。評価額は220リーヴル。

〔244〕まるいボネが11個。小さなレースがついている。評価額は70リーヴル。

〔245〕立派なコルセット《グラン・コール》用の1組の袖。縫い付けられたレースでできている。評価額は350リーヴル。

［246］立派なコルセット《グラン・コール》用の1組の袖。イギリス・レースでできている。評価額は、220リーヴル。

（以上で、衣裳部屋にある服飾品および布類は、すべてである。目録自体はまだ続きがあり、このあとには調度品などの品目が並んでいる。）

なにはともあれ、ヴェルサイユに行かなければ……。朝8時にアパートを出て、メトロに乗った。オステルリッツ駅で高速地下鉄RERのC線に乗り換えようとしたら、工事中《トラヴォー》で動いていなかった。駅員に教えてもらい、メトロ10番線に乗ることにして、ジャヴェル・アンドレ・シトロエン駅にて、あらためてRERのC線に乗り込む。すでにそこにはヴェルサイユに行くと思われる多くの観光客でいっぱいであった。2階建て列車の、当然2階の窓際に座ると、今まですでに幾度か乗っている列車だけれど、胸は高鳴る。

車窓を眺めているあいだに、ほどなくヴェルサイユに着く。みなぞろぞろと宮殿《シャトー》に向かって歩いていく。1年で一番のハイシーズンということもあり、宮殿《シャトー》に入るまでに2時間も並ぶことになった。

アントワネットが生きた時代にも、こんな風に人が押し寄せることがあったろう。花火を打ち上げる祝祭の時にも、怒りに燃えた革命のさなかにも。けっして簡単ではない歴史がくりひろげられた場所だが、今は、宮殿《シャトー》の建物全体が、大きく左右に腕を広げているかのようになっていて、私たちをあたたかく迎えているようにもみえる。

本書を書き終えてから、こうしてヴェルサイユを訪ねることができてよかった。もしかしたら、どこかにアントワネットの魂が、そうでなくとも彼女のエスプリが漂っていて、そのなにかかに今の気持ちを伝えることができるかもしれなかったから。

王妃の寝室は、２０１６年以来の修復を経て今年4月に再公開されたばかりだ。アントワネットが毎朝シュミーズの着替えの儀式をおこない、公開の出産もおこなった、あの場所である。アントワネットのすごした空間は、今は世界中からの観光客でごったがえしているが、そのどこかに、アントワネットの衣擦《きぬず》れの音や、彼女の香りをなんとかしてかぎとってみたかった。ふと、顔をあげると、寝室の左側に飾られている、王妃の胸像と目が合った。心の中で、深く敬意をこめて、あの時代の人々のようにお辞儀をした。

この本を執筆することになったとき、私は本当に書けるのか、あまり自信がなかった。語りつくされてきたマリー・アントワネット像に、いまさらなにを付け加えることができるだろう。だが、服飾という視点から書くのであれば、すこしは今までとは違う光を、王妃アントワネットにあててみることができるのかもしれないと思いなおした。幸い、思いのほか、史料はアクセスしやすかったし、すでに一部は書いている文章もあった。そして、なにより、こんなに心躍る仕事ははじめてでもあった。多くの史料を前にして、まだまだ私たちの知らないアントワネットの姿を、いくらでも掘り起こせるような気もしてきた。だから、アントワネットの衣裳部屋の探索は、今、やっと始まったばかりともいえる。

本書は、平凡社編集者の濱下かな子さんからお声がけいただいたことで実現した。濱下さんと、お姫様談義をするのはとても楽しかった。もちろん編集者として、さりげなく私の手綱を握って、執筆を後押ししてくださったことも、心から感謝している。また、美しい服飾図版を多数ご提供くださった京都服飾文化研究財団のキュレーター筒井直子さんにも、お礼を申し上げたい。

願わくば、多くのアントワネット・ファンの方々や、服飾ファンの方々、もちろんそのほかの方々にも、愛される本になりますように。

２０１９年盛夏、ヴェルサイユ宮殿にて

内村理奈

著者紹介
内村理奈(うちむら りな)
お茶の水女子大学大学院人間文化研究科博士課程単位取得満期退学、博士(人文科学)。日本女子大学家政学部被服学科教授。専門は西洋服飾文化史。

マリー・アントワネットの衣裳部屋

発行日 2019年10月15日 初版第1刷
2022年3月6日 初版第3刷

著者 内村理奈

発行者 下中美都
発行所 株式会社平凡社
東京都千代田区神田神保町3-29 〒101-0051
電話 (03)3230-6580(編集)
(03)3230-6573(営業)
振替 00180-0-29639

撮影協力 大屋孝雄

印刷 株式会社東京印書館
製本 大口製本印刷株式会社

ISBN978-4-582-62069-6
NDC 分類番号383.15 四六判(19.4cm) 総ページ312
平凡社ホームページ https://www.heibonsha.co.jp/
落丁・乱丁本のお取り替えは小社読者サービス係まで直接お送りください(送料は小社で負担いたします)。